Christina Krause / Claude-Hélène Mayer

Gesundheitsressourcen erkennen und fördern
Training für pädagogische Fachkräfte

Mit 3 Abbildungen und 29 Arbeitsblättern

Vandenhoeck & Ruprecht

Bibliografische Information der Deutschen Nationalbibliothek
Die Deutsche Nationalbibliothek verzeichnet diese Publikation in der
Deutschen Nationalbibliografie; detaillierte bibliografische Daten sind
im Internet über http://dnb.d-nb.de abrufbar.

ISBN 978-3-525-70137-9
ISBN 978-3-647-70137-0 (E-Book)

Umschlagabbildung: leedsn / shutterstock.com

© 2012, Vandenhoeck & Ruprecht GmbH & Co. KG, Göttingen
Vandenhoeck & Ruprecht LLC, Oakville, CT, U.S.A.
www.v-r.de
Alle Rechte vorbehalten. Das Werk und seine Teile sind urheberrechtlich geschützt.
Jede Verwertung in anderen als den gesetzlich zugelassenen Fällen
bedarf der vorherigen schriftlichen Einwilligung des Verlages.
Printed in Germany.

Satz: SchwabScantechnik, Göttingen
Druck und Bindung: ⊕ Hubert & Co, Göttingen

Inhalt

Zu diesem Buch 9
   Vorbemerkungen 9
   Zielgruppen 12
   Ziele und Inhalte des Trainings 13
   Aufbau des Trainingsprogramms 14

Modul 1: Die Salutogenese – wie Gesundheit entsteht 18
   M1 Ablauf 18
   M1 Lernziele 19
   M1 Theorie 19
      Zum Begriff »Salutogenese« 19
      Das Gesundheits-Krankheits-Kontinuum 20
      Gesundheitsressourcen 21
      Zum Begriff Resilienz 22
   M1 Übungen 23
      Übung 1: Subjektive Gesundheitsvorstellungen 23
      Übung 2: Zwischen gesund und krank – das Kontinuum 24
      Übung 3: Personale und soziale Gesundheitsressourcen 25
      Übung 4: Resilienz – Entstehung und Förderung 27
   M1 Zusammenfassung und Aufgaben zur Wiederholung 28

Modul 2: Gesundheit im pädagogischen Kontext 31
   M2 Ablauf 31
   M2 Lernziele 32
   M2 Theorie 32
      Das Kohärenzgefühl 32
      Die Entstehung des Kohärenzgefühls 35
      Die psychische Gesundheit von pädagogischen Fachkräften .. 36
   M2 Übungen 38
      Übung 1: Gesundheit in meiner Arbeitswelt 38
      Übung 2: Mein SOC 38
      Übung 3: Wohlbefinden im Berufsalltag 39
   M2 Zusammenfassung und Aufgaben zur Wiederholung 40

Modul 3: Die Gesundheitsressource *Selbstwert* 44
   M3 Ablauf 44
   M3 Lernziele 45

M3 Theorie 45
    Zu den Selbst-Begriffen 45
    Das Selbstwertgefühl 45
M3 Übungen 46
    Übung 1: Wie ich bin 46
    Übung 2: Meine Stärken – Meine Schwächen 46
    Übung 3: Mein Selbstwertgefühl 47
    Übung 4: Wie der Selbstwert entsteht 48
M3 Zusammenfassung und Aufgaben zur Wiederholung 52

Modul 4: Die Gesundheitsressource *Zugehörigkeitsgefühl* 55
M4 Ablauf 55
M4 Lernziele 55
M4 Theorie 56
    Zum Begriff Zugehörigkeit 56
    Mobbing 57
M4 Übungen 58
    Übung 1: Mein Team 58
    Übung 2: Zugehörigkeit als Erziehungsziel 59
    Übung 3: Zugehörigkeit in Kindergarten und Schule 60
    Übung 4: Verhalten bei Mobbing 61
M4 Zusammenfassung und Aufgaben zur Wiederholung 62

Modul 5: Die Gesundheitsressource *Emotionale Intelligenz* 66
M5 Ablauf 66
M5 Lernziele 67
M5 Theorie 67
M5 Übungen 68
    Übung 1: Emotionen wahrnehmen 68
    Übung 2: Selbsteinschätzung der emotionalen Intelligenz 71
    Übung 3: Emotionen ausdrücken 72
    Übung 4: Emotionen regulieren 73
M5 Zusammenfassung und Aufgaben zur Wiederholung 74

Modul 6: Die Gesundheitsressource *Kommunikationskompetenz* 80
M6 Ablauf 80
M6 Lernziele 80
M6 Theorie 81
    Zum Begriff Kommunikation 81
    Das Kommunikationsmodell von Friedemann Schulz von Thun .. 82

        Kommunikationstypen nach Virginia Satir 83
        Gewaltfreie Kommunikation (GFK) nach Marshall Rosenberg ... 84
    M6 Übungen 85
        Übung 1: Das Kommunikationsmodell von Schulz von Thun 85
        Übung 2: Kommunikation im Team 86
        Übung 3: Kommunikationstypen nach Virginia Satir 87
        Übung 4: Formen gewaltfreier Kommunikation 88
        Übung 5: Das Modell der gewaltfreien Kommunikation (GFK) in
        pädagogischen Einrichtungen 89
    M6 Zusammenfassung und Aufgaben zur Wiederholung 90

Modul 7: Die Gesundheitsressource *Konfliktlösungskompetenz* 94
    M7 Ablauf 94
    M7 Lernziele 94
    M7 Theorie 95
        Zum Begriff Konflikt 95
        Konfliktlösung 95
    M7 Übungen 96
        Übung 1: Konfliktrealitäten und -lösungen 96
        Übung 2: Rund um den Konflikt 97
        Übung 3: Konflikt und Konflikttypen 98
        Übung 4: Konfliktlösungen 99
    M7 Zusammenfassung und Aufgaben zur Wiederholung 100

Modul 8: Die Gesundheitsressource *Transkulturelle Kompetenz* 103
    M8 Ablauf 103
    M8 Lernziele 104
    M8 Theorie 104
        Kultur, Kompetenz und Gesundheit 104
        Kultur und Pädagogik 105
        Interkulturelle Kompetenz: Vermittlung zwischen Eigenem
        und Fremdem 105
        Interkulturelle Kompetenz in der Pädagogik 107
        Interkulturelle Pädagogik nach Auernheimer 108
        Interkulturelle Kompetenz als Gesundheitsfaktor 109
        Von der interkulturellen zur transkulturellen Kompetenz 109
    M8 Übungen 111
        Übung 1: Kultur und Gesundheit 111
        Übung 2: Interkulturelle Kompetenzen 112
        Übung 3: Inter- und Transkulturalität 112

        Übung 4: Ein interkulturelles Curriculum 114
        Übung 5: Das Team-Ombuds-Modell (tOm) zur Förderung von
        Gesundheit und Transkulturalität in Schulen 114
   M8 Zusammenfassung und Aufgaben zur Wiederholung 115

Modul 9: Die Gesundheitsressource *Stressmanagement* 119
   M9 Ablauf 119
   M9 Lernziele 120
   M9 Theorie 120
        Stress und Gesundheit 120
        Wie entsteht Stress? 121
        Stresssymptome 121
        Stress in pädagogischen Kontexten 122
        Stressbewältigung 123
   M9 Übungen 124
        Übung 1: Stress und Belastungen 124
        Übung 2: Stresssymptome 125
        Übung 3: Stresserleben 125
        Übung 4: Stressmanagement 128
   M9 Zusammenfassung und Aufgaben zur Wiederholung 130

Modul 10: Die Gesundheitsressourcen *Bewegung und Ernährung* 136
   M10 Ablauf 136
   M10 Lernziele 136
   M10 Theorie 137
        Bewegung und Gesundheit 137
        Bewegung in pädagogischen Einrichtungen 138
        Bewegung durch Integrierte Lerntherapie (ILT) 138
        Ernährung und Gesundheit 139
        Ernährung in pädagogischen Einrichtungen 139
   M10 Übungen 140
        Übung 1: Bewegte Kindheit 140
        Übung 2: ILT – Übungen nach Shirley Kokot 140
        Übung 3: Gesunde Organisationen sind bewegte Organisationen 141
        Übung 4: Gesunde Ernährung zur Reduktion von Stress 142
   M10 Zusammenfassung und Aufgaben zur Wiederholung 144

Fazit und Ausblick 147
Literatur 148
Anhang 153

Zu diesem Buch

Vorbemerkungen

Dieses Buch enthält theoretische und praktische Lern- und Übungseinheiten zur Gesundheitsförderung für pädagogische Fach- und Führungskräfte und basiert auf dem salutogenetischen Ansatz von Aaron Antonovsky.[1] Es ist ein Training zur gesundheitsförderlichen Bewältigung der Belastungen, denen pädagogische Fachkräfte ausgesetzt sind. Es unterstützt sie dabei, trotz der alltäglichen Anforderungen in ihrem Berufsalltag gesund zu bleiben und für ihr eigenes Wohlbefinden zu sorgen.

Der salutogenetischen Frage »Was erhält Menschen gesund?« wurde sowohl von Antonovsky als auch von Fachleuten der Medizin, Soziologie, Psychologie und den Gesundheitswissenschaften in den vergangenen Jahrzehnten, seit Erscheinen des ersten Buches von Antonovsky im Jahre 1978, weltweit nachgegangen. Die Beantwortung dieser Frage war die Grundlage für die Entwicklung unterschiedlicher Trainingsprogramme, die aber vorwiegend für Kinder und Jugendliche entwickelt worden sind. Für das Erwachsenenalter fehlen an der Salutogenese ausgerichtete Angebote. Das hängt vor allem damit zusammen, dass Antonovsky grundsätzlich gravierende Veränderungen des Kohärenzgefühls, das den Kern seines salutogenetischen Konzeptes ausmacht, nach dem dreißigsten Lebensjahr nicht mehr für möglich hielt. Inzwischen liegen jedoch eine Reihe internationaler Studien vor (z. B. Malgren-Olsson u. Branholm 2002; Mittermai 2003; Galert 2007), die diese Annahme grundlegend infrage stellen und teilweise nachweisen, dass das Kohärenzgefühl durch langfristig angelegte Interventionen auch später noch veränderbar ist. Außerdem hat Antonovsky selbst darauf hingewiesen, dass es auch im Erwachsenenalter Wege gibt, um das Kohärenzgefühl zu verbessern oder zu erhalten.

Er nannte zwei Bedingungen, unter denen das Kohärenzgefühl verbessert werden könnte: (1) Wenn sich die Lebensumstände grundlegend und über längere

---

1 In der wissenschaftlichen Diskussion wird die Salutogenese und vor allem das Kohärenzgefühl (Antonovsky 1979) im Kontext anderer Konzepte, die sich ebenfalls mit mentaler Gesundheit beschäftigen, betrachtet: »fortitude« and »internal locus of control« (Strümpfer 1990, 2002), »personality hardiness« (Kobasa 1979), »Resilienz« (McCubbin, Thompson, Thompson u. Fromer 1998), »self-efficacy« (Bandura 1977), »Optimismus« (Scheier u. Carver 1987), »potency« (Ben-Sira 1985) and »learned resourcefulness« (Rosenbaum 1988). Die Gemeinsamkeiten und Unterschiede dieser Konzepte sind detailliert diskutiert worden (z. B. Antonovsky 1997; Bengel, Strittmatter u. Willmann 2001).

Zeit verändern oder (2) wenn durch therapeutische Interventionen neue Erfahrungen möglich werden. In beiden Fällen würden sich die Gesundheitsressourcen verbessern, z. B. würden neue Erfahrungen gemacht werden, die letztendlich das Kohärenzgefühl fördern. Franke und Witte (2009) haben ein erstes Trainingsprogramm auf der Basis der Salutogenese für Erwachsene entwickelt.

Petzold (2010) hat aus der Sicht eines Mediziners und Therapeuten ein Praxishandbuch mit vielen Beispielen zur Selbstanwendung verfasst.

Das hier vorliegende Buch soll ein weiterer Beitrag zur Förderung der Gesundheit auf der Basis des salutogenetischen Ansatzes sein. Neu daran ist, dass es vor allem für pädagogische Fach- und Führungskräfte gedacht ist. Die Autorinnen greifen auf jahrelange Erfahrungen aus der Arbeit mit Erzieher/-innen, Lehrer/-innen, Sozialarbeiter/-innen und anderen Fachkräften, die im Bereich von Bildung und Erziehung tätig sind, zurück.

Aus dieser eigenen Erfahrung, aber auch aus einer Reihe wissenschaftlicher Untersuchungen wissen wir, dass der Gesundheitszustand von Menschen, die in pädagogischen Settings arbeiten, geprägt ist von Stress, der z. B. in Termin- und Leistungsdruck, in Konflikten mit den Kindern, Jugendlichen und Eltern sowie in den Verpflichtungen und komplexen Anforderungen, die sie tagtäglich zu bewältigen haben, zum Ausdruck kommt (Schaarschmidt 2004; Spitzer 2010).

Beim Vergleich verschiedener Berufsgruppen zeigte sich, dass bei Lehrerinnen und Lehrern die Symptome von nicht bewältigtem Stresserleben am häufigsten vorkamen (Schaarschmidt 2005). Diese Berufsgruppe muss komplexen Leistungserwartungen nachkommen, Konkurrenzdruck aushalten und häufiger als andere Berufsgruppen zwischenmenschliche Konflikte bewältigen. Lehrer und Lehrerinnen sollen die gesellschaftlichen Erwartungen erfüllen, d. h. die Lernergebnisse ihrer Schülerinnen und Schüler zum Zwecke der Selektion *objektiv* beurteilen (beginnend im dritten Schuljahr), sie sollen aber auch den pädagogischen Anforderungen genügen, d. h. jedes Kind fördern und zum Lernerfolg führen. Damit befinden sie sich in einem immanenten Dilemma, dem Widerspruch zwischen objektiver Distanz als Diagnostiker und subjektiver Nähe als Pädagoge. Verstärkt wird dieses Problem noch dadurch, dass sie unzureichend auf ihre Bewertungs- und Beurteilungsfunktion vorbereitet sind: Sie bringen weder die Fähigkeiten noch das Problembewusstsein für diese Tätigkeit mit. Dies birgt Gesundheitsrisiken in sich, wobei sicherlich diejenigen, die sich dem pädagogischen Ethos verpflichtet fühlen und die individuelle Förderung jedes Kindes als ihre Hauptaufgabe verstehen, besonders gefährdet sind und unter Hilflosigkeit leiden. Sie entwickeln häufig psychosomatische Symptome, die sich beispielsweise in Magenbeschwerden oder Migräne, in dem Gefühl von Hilflosigkeit, in Ängsten und Depressionen äußern.

Bei Lehrern und Lehrerinnen wird überzufällig häufig *Burn-out* diagnostiziert. Sosnovsky (2007) nennt eine Prävalenz zwischen 15 und 30 Prozent. Die Anzahl krankheitsbedingter Fehltage ist in dieser Berufsgruppe vorwiegend auf psychische Erkrankungen zurückzuführen (Meierjürgen u. Paulus 2002). Psychosomatische Erkrankungen scheinen die Hauptursache von Frühpensionierungen zu sein (Heyse u. a. 2004).

Befragungen von Lehrkräften haben ergeben, dass sie am meisten unter Folgendem leiden:
- dem Verhalten schwieriger Schüler (mangelnde Disziplin und Motivation, freches und aufsässiges Benehmen);
- Arbeitsbelastung durch zu große Klassen;
- Problemen, die in der Schulorganisation begründet sind, z. B. Vertretungsstunden, der Zeitdruck, im 45-Minuten-Rhythmus zu arbeiten, die fehlenden Erholungspausen und Rückzugsorte sowie die miserable materielle Ausstattung vieler Schulen;
- sozialen Belastungsfaktoren, z. B. Störungen im Unterricht, Konflikte mit Schülern und Eltern (auch Erfahrungen von Gewalt), mangelnde Kommunikation im Kollegium und mit der Schulleitung (Becker 2006, S. 202f).

Es ist sicherlich richtig zusammenzufassen, dass pädagogische Fachkräfte vielfältigen Gesundheitsrisiken ausgesetzt sind, die sie körperlich, seelisch und sozial stark fordern und häufig auch überfordern. Da wir – die Autorinnen – gute Erfahrungen bei der Erarbeitung und Umsetzung von Gesundheitsförderprogrammen für Kinder (Krause u. a. 2000; Krause u. a. 2001; Krause 2009) und bei der Arbeit mit Trainingsprogrammen für interkulturelle Mediation und Konfliktmanagement (Mayer 2006) haben, entstand der Gedanke, etwas Ähnliches für pädagogische Fachkräfte zu entwickeln. Ein berufsbegleitendes und flexibel einsetzbares Programm zur Förderung von Gesundheitsressourcen schwebte uns vor. Es sollte den pädagogischen Fachkräften helfen, Kompetenzen zum gesundheitsförderlichen Umgang mit den alltäglichen Herausforderungen zu erwerben bzw. zu erhalten und zu festigen.

Wir gehen davon aus, dass Erziehende und Lehrende, die glücklich sind und für ihre Berufung *brennen*, auch bei den lernenden Kindern und Jugendlichen bzw. Erwachsenen die Erfahrung, dass Lernen glücklich macht, entwickeln, erhalten und stärken können. Welche Gesundheitsressourcen sind dazu notwendig? Wie können sie gefördert werden?

Die vorhandenen Erkenntnisse und Erfahrungen haben wir zusammengestellt und so aufbereitet, dass daraus das hier vorliegende Trainingsprogramm entstanden ist. Es beinhaltet eine Reihe von konkreten Vorschlägen und Übungen, die thematisch nach Lernzielen und -inhalten geordnet sind. Das Programm kann auf der Grundlage von Arbeitsblättern und Aufgaben individuell und gruppenbezogen gehandhabt werden.

Im Folgenden werden Rahmenbedingungen, Inhalte, Ziele und Zielgruppen des Trainings dargestellt. Das Trainingsprogramm ist nach Modulen geordnet. Die Module 1 und 2 beinhalten grundlegende Gedanken zur Gesundheit, speziell zur psychischen Gesundheit und zum Wohlbefinden sowie zur Gesundheitsförderung. Die Module 3 bis 10 fokussieren jeweils ausgewählte Gesundheitsressourcen.

Zielgruppen

Dieses Trainingsprogramm richtet sich an (sozial-)pädagogisches Fachpersonal, das besonderen gesundheitlichen Herausforderungen ausgesetzt ist und ein salutogenetisch orientiertes Trainingsprogramm zur Förderung von Gesundheit und Wohlbefinden benötigt. Insbesondere wendet es sich an:
- pädagogische Führungskräfte in allen sozialen und pädagogischen Einrichtungen;
- Lehrer und Lehrerinnen aller Klassenstufen und Schulformen;
- Hochschullehrer/-innen;
- Schulpsychologinnen und -psychologen, Beratungslehrer/-innen, Schulsozialarbeiter/-innen;
- Gesundheitswissenschaftler/-innen, die im pädagogischen Kontext forschen und lehren;
- pädagogisches Fachpersonal in Kindergärten, Kindertagesstätten und Kinderkrippen;
- pädagogische Fachkräfte in der Kinder- und Jugendhilfe;
- Interessierte, die Einblicke in die pädagogische Arbeit haben und diese gern gesundheitsfördernd unterstützen möchten (Eltern, Elternvertreter, Personen, die in Schul- bzw. Kindertagesstätten tätig sind, Fördervereine pädagogischer Einrichtungen etc.).

Das Trainingsprogramm kann in unterschiedlichen Settings angewendet und durchgeführt werden:
- Es kann als Selbstlernprogramm und autodidaktisch genutzt werden. In diesem Sinne wäre das Programm hilfreich für alle Interessierten, die sich mit Gesundheitsförderung im sozial-pädagogischen Setting auseinandersetzen möchten.
- Es kann im Kontext von Supervision und kollegialer Intervision/Supervision und/oder Beratung im sozial-pädagogischen Kontext angewendet werden. In diesem Zusammenhang könnte es in ausgewählten Einzelteilen oder aber auch

in vollem Umfang eingesetzt und mit den aktuellen Themen des jeweiligen pädagogischen Settings kombiniert werden.
• Ausgewählte Teile oder aber auch das Gesamtprogramm können zudem in der Fortbildung im sozial-pädagogischen Kontext zur Weiterentwicklung von Gesundheitsressourcen eingesetzt werden, wie z. B. in schulinternen Lehrerfortbildungen (SCHILF).
• Teile des Trainingsprogramms können vom pädagogischen Fachpersonal auch auf die eigenen Zielgruppen übertragen werden, wie z. B. auf Schülerinnen und Schüler, Jugendliche im Jugendtreff etc.

Ziele und Inhalte des Trainings

Dieses Trainingsprogramm hilft, ausgewählte Gesundheitsressourcen zu erkennen, zu analysieren und zu reflektieren und sie durch Übungen auf kognitiver, affektiver und verhaltensorientierter Ebene zu stärken. Es kann eingesetzt werden, um die Gesundheit zu fördern und das Wohlbefinden von Personen, die im (sozial-)pädagogischen Kontext tätig sind, zu erhalten und zu stärken.

Im Einzelnen geht es um folgende Ziele:
• Auseinandersetzung mit den Themen Gesundheit, Salutogenese und Gesundheitsförderung;
• Erweiterung des Wissens um Gesundheit und ihre Förderung, besonders im pädagogischen Kontext;
• Auseinandersetzung mit den eigenen Gefühlen und Bedürfnissen und deren Zusammenhang mit den eigenen Wertorientierungen, den gesellschaftlichen Normen und den persönlichen Verhaltensweisen;
• Reflexion des subjektiven Gesundheitsverständnisses, aber auch die Erkundung des subjektiven Gesundheitsverständnisses von Mitmenschen, Kollegen, Mitarbeitern und Vorgesetzten sowie von Zielgruppen des pädagogischen Fachpersonals;
• Schulung des *salutogenetischen Blicks*, der mittlerweile als »Fachstandard für pädagogische Fachkräfte« verstanden wird (vgl. 13. Kinder- und Jugendbericht des Bundesministeriums für Familie, Senioren, Frauen und Jugend von 2009; www.bmfsf.de);
• Befähigung zur gesunden Kommunikation mit Kindern und Jugendlichen und zur Umsetzung von Gesundheitsförderprogrammen;
• Stärkung des Selbstwert- und Zugehörigkeitsgefühls;
• Reflexion über das eigene Kohärenzgefühl (SOC) und das Entwickeln von Verständnis und Bereitschaft für Erfahrungen, die zur Stärkung des SOC beitragen;

- Verbesserung des eigenen Wohlbefindens und der körperlichen und psychischen Gesundheit durch die kognitive, affektive und verhaltensorientierte Auseinandersetzung mit den eigenen und den soziokulturellen Ressourcen;
- Reflexion von Gesundheit und Wohlbefinden in interkulturellen Zusammenhängen.

Das Trainingsprogramm ist so aufgebaut, dass diese Ziele mit den Inhalten einzelner Module, die zwar aufeinander aufbauen, aber auch unabhängig voneinander genutzt werden können, erreicht werden.

Aufbau des Trainingsprogramms

Das Trainingsprogramm besteht aus zehn Modulen:
Modul 1:   Die Salutogenese – wie Gesundheit entsteht
Modul 2:   Gesundheit im pädagogischen Kontext
Modul 3:   Die Gesundheitsressource *Selbstwert*
Modul 4:   Die Gesundheitsressource *Zugehörigkeit*
Modul 5:   Die Gesundheitsressource *Emotionale Intelligenz*
Modul 6:   Die Gesundheitsressource *Kommunikationskompetenz*
Modul 7:   Die Gesundheitsressource *Konfliktlösungskompetenz*
Modul 8:   Die Gesundheitsressource *Interkulturelle Kompetenz*
Modul 9:   Die Gesundheitsressource *Stressmanagement*
Modul 10:   Die Gesundheitsressourcen *Bewegung und Ernährung*

Die Auswahl der Themen für die zehn Module basiert auf folgenden Überlegungen:
Wenn es ein Training auf der Grundlage des Salutogenese-Konzepts sein soll, dann ist es notwendig, die Teilnehmenden mit dem Konzept vertraut zu machen, sie in die zentralen Gedanken einzuführen und durch entsprechende Übungen ein Verständnis für seine Handhabbarkeit zu schaffen.

Die Diskussion der Bedeutung von psychischer Gesundheit steht im Mittelpunkt des zweiten Moduls. Wir halten dies für notwendig aufgrund der Tatsache, dass Pädagogen und Pädagoginnen verschiedener Tätigkeitsbereiche die am meisten vertretenen Berufsgruppen in den psychosomatischen Kliniken Deutschlands sind und die Frühverrentung in pädagogischen Berufen besonders hoch ist. Das Salutogenese-Modell ist aus der Stressforschung heraus entstanden. Es ist inzwischen bekannt, das »Stress und Selbstüberforderung mit großem Arbeitseinsatz und gleichzeitigem Ausbleiben von Erlebnissen der Anerkennung […] mit einem erhöhten Risiko von Herz-Kreislauferkrankungen in Verbindung gebracht« (Spitzer 2010, S. 212) werden müssen.

Die Auswahl der Gesundheitsressourcen *Selbstwertgefühl* und *Zugehörigkeitsgefühl* begründet sich aus Erfahrungen aus den von Krause und Mitarbeiterinnen entwickelten Gesundheitsförderprogrammen für Kinder (Krause u. a. 2000; Krause u. a. 2001; Krause 2009). *Ego-Identity* und *social support* zählen auch bei Antonovsky zu den personalen Ressourcen. Bindung und Autonomie, Selbstverwirklichung und Anerkennung in der Gruppe, angenommen sein und losgelassen werden, Wurzeln und Flügel haben – das sind die jeweils sich ergänzenden Grundbedürfnisse des Menschen. Das Bedürfnis des Menschen nach Selbstwert und Zugehörigkeit ist aber auch nachgewiesen durch die Ergebnisse der modernen Hirnforschung und gewinnt damit (endlich!) auch wissenschaftsbasierte und somit glaubwürdige Bedeutung für Gesundheitsförderung in pädagogischen Kontexten.

Die Ressourcen *Emotionale Intelligenz*, *Kommunikationskompetenz* und *Konfliktlösungskompetenz* gehören zu den von der WHO (1948) herausgearbeiteten *life skills*, den Lebensfertigkeiten. Antonovsky versteht die Intelligenz und emotionale Stabilität auch als Gesundheitsressourcen, beide werden heute unter dem Begriff *emotionale Intelligenz* vereint. Die Wahrnehmung von Gefühlen bei sich selbst und bei anderen, der gesundheitsförderliche Umgang damit und das Akzeptieren einerseits sowie das Reagieren auf Gefühlserleben andererseits ist deshalb auch ein Schwerpunkt unseres Trainingsprogramms.

Wir haben auch die Ressource *Interkulturelle Kompetenz* (Modul 8) in das Programm aufgenommen, da besonders in den letzten Jahren die kulturelle Vielfalt in pädagogischen Settings an Bedeutung zugenommen hat. Häufig begegnen pädagogische Fachkräfte dieser Herausforderung, ohne auf den Umgang mit kultureller Vielfalt vorbereitet zu sein. Neuere Untersuchungen (Mayer 2011) zeigen, dass interkulturelle Kompetenz – und somit die Fähigkeit zum Umgang mit kulturellen Unterschieden, Gemeinsamkeiten, Stereotypen und Vorurteilen – ein wichtiger Bestandteil mentaler Gesundheit in einem globalisierten pädagogischen Alltag ist. Deshalb sollen in diesem Trainingsprogramm auch gezielt Ressourcen im Blick auf interkulturelle Erfahrungen und Zusammenhänge trainiert werden.

Die hohen Belastungen in pädagogischen Berufen führen zu einer hohen Rate von psychosomatischen Erkrankungen. Eine bessere Befähigung zum Stressmanagement ist zwingend notwendig. Das Modul 9 zeigt Möglichkeiten zum konstruktiven Umgang mit Stress auf. Die Übungen helfen, Stressfaktoren zu erkennen und Strategien zur Stressbewältigung zu finden und zu erproben. Dabei werden besonders Bewegung und Entspannung als Handwerkszeug des effektiven Stressmanagements berücksichtigt.

Die Ressourcen *Bewegung und Ernährung* sind zwar nicht der Schwerpunkt des Trainingsprogramms, sind jedoch Bestandteil der anderen Module, da das Programm mit einer Vielzahl von Übungen ausgestattet ist und auf diese Weise die Teilnehmenden auch auf vielerlei Weise bewegt werden. Im Modul 10 werden diese Ressourcen noch einmal aufgegriffen, um die Einheit von Körper und Geist, von Leib und Seele als Grundlage für Gesundheit in den Blickpunkt zu rücken und einige Anregungen für diesen Bereich zu geben.

Jedes Modul beginnt mit einer Einführung in das Thema, Hinweisen zu Organisation und Aufbau sowie dem theoretischen Hintergrund des Moduls. Schließlich werden Übungen vorgestellt, die durchgeführt werden können
- als Einzelperson,
- im Team und/oder Kollegium,
- in der Interaktion mit den Zielpersonen und -gruppen, mit denen das pädagogische Fachpersonal arbeitet (Schüler/-innen, Studierende etc.).

Die einzelnen Module werden nach folgendem Muster dargeboten:
1. *Ablauf*: Die Inhalte und Übungen der Module werden in Tabellenform zusammengefasst. Somit können die Personen, die die Gruppe anleiten bzw. moderieren, nach einem handhabbaren und übersichtlichen Ablaufplan arbeiten. Die Ablaufpläne sind als Vorschlag für die Durchführung eines kompletten Moduls gedacht. Sie enthalten:
   - die Ziele, die sich sowohl auf die Klärung theoretischer Inhalte als auch auf die praktischen Übungen beziehen;
   - den Verlauf;
   - die methodisch-didaktische Umsetzung: Neben den Methoden zur Umsetzung der Übungen sind hier auch Methoden wie Lektüre oder Vortrag und/ oder Diskussion vorgesehen;
   - *M1 Theorie* zeigt an, dass die Inhalte dort nachgelesen werden können.
   - *M1 AB 1ff. verweist* auf die Arbeitsblätter, die jeweils am Ende des Moduls stehen. Außerdem werden die notwendigen Materialien, wie z. B. Flipchart, Stifte, Papier, CD angegeben.
2. *Lernziele*: Das übergeordnete Lernziel, die Gesundheitsressourcen zu fördern, wird in den einzelnen Modulen modifiziert und erweitert.
3. *Theorie*: Die theoretischen Ausführungen enthalten die wesentlichen Gedanken zum Inhalt des Moduls. Sie sind als Impulse zum Weiterlesen zu verstehen, da ein Trainingsbuch nicht die gesamte Theorie, zum Bespiel zur Salutogenese, vermitteln kann. Es wird lediglich ein Grundverständnis angestrebt, sodass die in das Programm eingebundenen Übungen zu- und eingeordnet werden können. Bei den einzelnen Übungen werden auch jeweils kurze theoretische Erläuterungen gegeben, damit der Sinn dieser Übung verstanden werden kann.
4. *Übungen*: Das Programm enthält zahlreiche Übungen. In Abhängigkeit von der zur Verfügung stehenden Zeit und den Bedürfnissen der Gruppe oder Per-

sonen kann eine Auswahl getroffen werden. Für die Umsetzung der Übungen werden folgende Methoden vorgeschlagen:

- Aufgabe 📖
- Reflexion 💡
- Anwendung 🔔
- Entspannungsübung 🏝
- Rollenspiel 🎭
- Arbeitsblatt ✏️

Arbeitsblätter (AB) können als Kopiervorlage verwendet bzw. bei individueller Nutzung direkt im Buch ausgefüllt werden.

5. *Zusammenfassung und Aufgaben zur Wiederholung:* Am Ende jedes Moduls sind Aufgaben formuliert, mit deren Hilfe Sie selbst kontrollieren können, inwieweit Sie die Inhalte verstanden haben. Wenn Sie als Moderatorin oder Kursleiterin mit dem Trainingsprogramm arbeiten, können Sie diese Aufgaben auch im Team gemeinsam zur Wiederholung und Zusammenfassung nutzen. Außerdem haben wir einen Fragebogen entwickelt, den Sie nach jedem Modul ausfüllen sollten. Die Autorinnen sind sehr interessiert, Rückmeldungen von Ihnen zu erhalten.

Modul 1: Die Salutogenese – wie Gesundheit entsteht

M1 Ablauf

Ziele	Verlauf	Methodisch-didaktische Umsetzung	Material
Einführung in das Trainingsprogramm	Teilnehmer/-innen und Kursleiter/-in machen sich bekannt	*Diskussion* Sammeln der Erwartungen, Erfahrungsaustausch	Handbuch Flipchart
	Übung 1: Subjektive Gesundheitsvorstellungen	*Aufgabe*: Gesundheit ist … Arbeitsblatt ausfüllen und anschließend diskutieren *Reflexion*: Was Gesundheit für mich bedeutet	M1 AB 1
Einführung in die Salutogenese	Begriffe *Gesundheit, Salutogenese, Gesundheitskontinuum, Gesundheitsressourcen* klären	*Vortrag, Lektüre und Diskussion*	M1 Theorie
	Übung 2 Gesundheits-Krankheits-Kontinuum	*Reflexion*: Wo ich mich befinde *Aufgabe*: Mein Tagebuch	
Verständnis für die Bedeutung von Ressourcen, Erkennen eigener Ressourcen	*Übung 3*: Personale und soziale Gesundheitsressourcen	*Aufgabe*: Kategorisierung von Gesundheitsressourcen *Reflexion*: Meine Gesundheitsressourcen *Aufgabe*: Situation und Ressourcen	M1 AB 2
Einführung in die Resilienzforschung	*Übung 4*: Resilienz – Entstehung und Förderung	Lektüre und Diskussion *Reflexion*: Was hat mich resilient gemacht? *Anwendung*: Was fördert Resilienz?	M1 Theorie
Abschlussrunde	Zusammenfassung und Aufgaben zur Wiederholung	Wiederholung, individuelle Analyse und/oder Auswertungen in der Gruppe	Fragebogen Anhang, A1

M1 Lernziele

In diesem Modul soll ein Verständnis für das Konzept der Salutogenese erworben werden. Die Teilnehmer/-innen reflektieren über ihr Wohlbefinden, über ihre Gesundheitsressourcen und Resilienz.

M1 Theorie

Zum Begriff »Salutogenese«
Der Begriff »Salutogenese« stammt von Aaron Antonovsky, er verstand ihn als Gegenbegriff zu dem bekannten und in der Medizin üblichen Wort Pathogenese. Genese (griech./lat.) bedeutet *Entstehung* bzw. *Entwicklung*. Im Falle der Pathogenese geht es also um die Entstehung von Krankheit und im Zusammenhang der Salutogenese um die Entstehung von Gesundheit (lat. salus bedeutet *Heil, Wohlsein, Gesundheit*).

Das Konzept der Salutogenese kann als ein neuer Ansatz in den gesundheitsorientierten Wissenschaften betrachtet werden: Die Gesundheit und ihre Entstehung wird in das Zentrum des Interesses interdisziplinärer Wissenschaften gestellt. Das salutogenetische Paradigma (Antonovsky 1989, 1997) betont, dass bestimmte Menschen – trotz multipler Belastungen, traumatischer Erfahrungen und vielfältiger Stressoren – sowohl körperlich als auch psychisch relativ gesund bleiben. Antonovsky ging der Frage nach, was Menschen gesund erhält. Wenn diese Frage beantwortet werden kann – und sie ist inzwischen vielfach beantwortet worden – dann ist der Schritt zur Gesundheitsförderung getan.

Diesem Ansatz folgend, soll auch dieses Trainingsprogramm die Gesundheit und das Wohlbefinden von pädagogischen Fachkräften fördern. Wissenschaftler aus unterschiedlichen Disziplinen haben bereits festgestellt, dass das Erleben positiver Emotionen, guter zwischenmenschlicher Beziehungen, kollegialer Unterstützung, persönlicher Wachstumsmöglichkeiten und innerer Stärke (Strümpfer 1995) zu einer guten Gesundheit und zum Wohlbefinden beitragen. Jedoch ist der salutogenetische Ansatz – trotz seiner Wichtigkeit für die Gesundheit von Angestellten und Mitarbeitern – bis heute unterrepräsentiert. Die Möglichkeiten, die das Modell der Salutogenese als Grundlage für die Gesundheitsförderung bietet, finden zu wenig Beachtung, was u. a. mit der insgesamt noch unbefriedigenden Forschungslage zusammenhängt (Blättner 2007). Wir vertreten jedoch den Standpunkt, dass die Salutogenese eine hervorragende theoretische Basis für Maßnahmen zur Gesundheitsförderung im pädagogischen Raum ist, um sowohl das pädagogische Fachpersonal als auch dessen Zielgruppen, heranwachsende Kinder und Jugendliche, gesund zu erhalten (Krause u. Mayer 2010).

Das Gesundheits-Krankheits-Kontinuum

Antonovsky versteht Gesundheit als einen dynamischen Prozess, in dem sich jeder Mensch zu jedem Zeitpunkt seines Lebens zwischen den Polen Gesundheit und Krankheit bewegt. Die Heterostase (ein Ungleichgewicht zwischen diesen beiden Polen) ist für ihn der Normalfall. Zur Erklärung verwendet er folgende Metapher: Alle Menschen befinden sich im Fluss, der Biegungen, Strudel, Stromschnellen und ruhig fließende Abschnitte hat. Nicht jeder kommt leicht über die schwierigen Stellen hinweg, manche kämpfen verzweifelt. Soll der Fluss eher gemieden werden? Ist es besser am Ufer entlangzugehen? Diese Fragestellung geht von einem pathogenetisch-präventiven Ansatz aus. Auf der Basis eines salutogenetisch-fördernden Ansatzes würde die Frage lauten: Wie kann der Flusslauf so gestaltet werden, dass jeder darin vorwärtskommt, und welche individuellen Fähigkeiten müssen entwickelt und gefördert werden, um nicht unterzugehen? Um die eingangs diskutierten Probleme aufzugreifen, bedeutet das konkret: Die Lebens- und Lernbedingungen müssten so gestaltet werden, dass jede/r ihre / seine Potenziale entwickeln kann und z. B. eine gute Schwimmerin / ein guter Schwimmer werden kann.

> My fundamental philosophical assumption is that the river is the stream of life. None walks the shore safely. Moreover, it is clear to me that much of the river is polluted, literally and figuratively. There are forks in the river that lead to gentle streams or to dangerous rapids and whirlpools. My work has been devoted to confronting the question: ›Wherever one is in the stream – whose nature is determined by historical, social-cultural, and physical environmental conditions – what shapes one's ability to swim well?‹ (Antonovsky 1987, S. 90)

Beim Fluss ist es ziemlich eindeutig, welche individuellen Fähigkeiten entwickelt werden müssten – dass also vor allem das Schwimmen erlernt werden muss. Wenn diese Überlegungen bezüglich heute geborener Kinder angestellt werden, wird die Antwort schwieriger. Wir wissen nur unzulänglich, welche Anforderungen sie in dreißig Jahren zu bewältigen haben werden. Wie werden die Lebensbedingungen sein? Wird die Gesellschaft sich weiter in der eingeschlagenen Richtung entwickeln? Oder werden wir die Ideale wie friedliche Globalisierung, interkulturelles Miteinander und gelungene Inklusion, Gerechtigkeit für alle ohne Ansehen von Macht und Geld, Solidarität und Partizipation realisieren können?

Die Salutogenese beschreibt die Beziehung von Gesundheit und Krankheit als eine kontinuierliche Variable auf dem Gesundheits-Krankheits-Kontinuum (Antonovsky 1979). Bei Antonovsky (1979) gibt es keine Grenze zwischen *gesund* und *krank*. Vielmehr sind Gesundheit und Krankheit Endpunkte eines Kontinuums. Die Positionierung auf diesem Kontinuum bestimmt jede Person selbst, denn das Wohlbefinden wird subjektiv eingeschätzt und kann sich außerdem ständig und fortlaufend verändern.

Gesundheitsressourcen
Antonovsky beschäftigte sich lange Zeit mit der Suche nach Faktoren, die die Spannungsbewältigung erleichtern und somit die Gesundheit erhalten oder fördern. Diese Faktoren definierte er als »generalisierte Widerstandsressourcen«, wobei das Adjektiv generalisiert bedeutet, dass Widerstandsressourcen in Situationen aller Art eingesetzt werden können. Antonovsky wollte mit dem Begriff ausdrücken, dass durch die dem Menschen zur Verfügung stehenden Ressourcen seine Widerstandsfähigkeit erhöht wird. Er war der Meinung, dass die generalisierten Widerstandsressourcen den »unzähligen uns ständig treffenden Stressoren eine Bedeutung erteilen« (Antonovsky 1989, S. 52). So könnte sich beispielsweise die Scheidung der Eltern für ein Kind auch durchaus positiv auswirken, dann z. B., wenn dadurch nach jahrelangen Konflikten ein entlastender Neubeginn möglich wird.

Genau genommen haben die Widerstandsressourcen zwei wichtige Funktionen: Sie nehmen Einfluss auf unsere Lebenserfahrungen, und sie können in belastenden Situationen aktiviert werden. Es handelt sich also um Ressourcen, die eine erfolgreiche Spannungsbewältigung unterstützen und damit einen Einfluss auf den Erhalt oder die Verbesserung unserer Gesundheit haben.

Antonovsky (1979) nennt folgende Gruppen von generellen Widerstandsressourcen (engl. *GRR – general resistance resources*):
- Gesellschaftlich-kulturelle Faktoren: z. B. kulturelle Stabilität, Religion, Kunst: Diese Ressourcen gewährleisten ein politisch-kulturelles und spirituelles Eingebundensein in die Gesellschaft.
- Materielle Faktoren: Hierunter fallen materieller Wohlstand und Besitz, z. B. Geld und Güter.
- Soziale Faktoren: Zu den sozialen Unterstützungsressourcen gehören die Familie, die Freunde, die Erzieher/-innen und Lehrer/-innen und alle anderen bedeutsamen Bezugspersonen und sozialen Netzwerke.
- Personale Faktoren: Das sind neben den genetischen, konstitutionellen und immunologischen Ausstattungen des Menschen die im Laufe des Lebens erworbenen Dispositionen wie Wissen (Intelligenz), emotionale Stabilität, Ich-Identität, Selbstwirksamkeit, Kontrollüberzeugungen, Selbstvertrauen, Selbstwertgefühl, Handlungskompetenzen und soziale Kompetenzen.

Personen, denen diese Ressourcen zur Verfügung stehen oder die sie im Laufe ihres Lebens erwerben, haben die besten Voraussetzungen, die vielfältigen Anforderungen des Lebens zu meistern. Denn je mehr sie davon besitzen, desto weniger sind sie den Stressoren wehrlos ausgeliefert. Das Vorhandensein der Ressourcen allein reicht aber noch nicht aus, vielmehr müssen diese auch erkannt und effektiv und angemessen eingesetzt werden. Je häufiger dies erfolgreich gelingt, desto mehr bildet eine Person auch die Überzeugung heraus, dass das Leben verstehbar und kontrollierbar sowie handhabbar und sinnvoll ist. Antonovsky versteht unter dieser Überzeugung eine ganz besondere Grundhaltung dem eigenen Leben und der Welt gegenüber, eine Lebensorientierung, die die Person befähigt, den Risiken des Lebens gewappnet gegenüber zu treten. Er bezeichnet sie als *Kohärenzgefühl*.

Das Kohärenzgefühl wird Gegenstand des Moduls 2 sein; es ist im salutogenetischen Konzept der Grundpfeiler von Wohlbefinden und Lebensbewältigung.

Hier wollen wir Sie noch mit dem Konstrukt der Resilienz, das dem salutogenetischen Konzept von Gesundheit sehr nahe kommt, bekannt machen. Antonovsky hat sich in seinen Arbeiten häufig auf die Ergebnisse der Resilienzforschung bezogen. Die von ihm benannten Widerstandsressourcen unterscheiden sich deshalb auch nicht grundlegend von den Ressourcen, die in der Resilienzforschung gefunden worden sind.

Zum Begriff Resilienz
Resilienz ist die Gesamtheit jener Ressourcen, die es uns ermöglichen, Herausforderungen und Krisen des Lebens zu meistern. Wer auch unter schwierigen Lebensumständen seine Aufgaben bewältigen kann und gesund bleibt, ist widerstandsfähig, also resilient.

Die Resilienzforschung begann mit der Längsschnittuntersuchung von Emmy Werner. Über mehr als dreißig Jahre verfolgte sie mit ihrer Forschungsgruppe die Entwicklung aller Kinder des Geburtenjahrganges 1955 (insgesamt 698) auf Kauai – einer zu Haiti gehörenden Insel. Sie wollte herausfinden, wie sich unterschiedliche Lebensumstände auf die Heranwachsenden auswirken. 210 dieser Kinder lebten in armen Familien, es gab Scheidungen und psychische Krankheiten, ihre Mütter hatten keinen Schulabschluss. Von diesen Kindern entwickelten zwei Drittel bis zum Alter von zehn Jahren Lern- und Verhaltensprobleme, manche wurden später auch straffällig oder psychisch krank. Das wichtige Ergebnis dieser Untersuchung war jedoch, dass ein Drittel dieser unter schwierigen Bedingungen aufwachsenden Kinder sich gut entwickelte. Sie beendeten erfolgreich die Schule und kamen in ihrem Leben zurecht. Im Erwachsenenalter waren sie nicht arbeitslos und waren nicht mit dem Gesetz in Konflikt geraten.

Emmy Werner und ihr Forscherteam konnten erstmals der Frage nachgehen, warum der Lebensweg dieser Kinder so erstaunlich harmonisch verlaufen war, obwohl sie vergleichbaren Risiken wie die anderen zwei Drittel ausgesetzt waren. Das war eine Frage, die einen Perspektivwechsel einleitete: Von der Suche nach den Risikofaktoren verlagerte sich der Schwerpunkt auf die Suche nach den

Schutzfaktoren. Welche Schutzfaktoren konnten sie finden? Die Forscher/-innen fassten das, was sie herausfanden, in drei Gruppen zusammen: Schutzfaktoren des Individuums, der Familie und des Umfeldes.

Als Schutzfaktoren des Individuums wurden gefunden: Die Kinder waren liebevoll, aktiv, anschmiegsam, freundlich und pflegeleicht. Im Kleinkindalter verlief ihre sprachliche Entwicklung relativ schnell, sie waren früher selbstständig als die Kinder, die später Schwierigkeiten hatten. In der mittleren Kindheit zeichneten sie sich dadurch aus, dass sie stolz auf sich waren und anderen Kindern gern halfen. Als Jugendliche glaubten sie an ihre Selbstwirksamkeit, d. h. sie waren überzeugt davon, Probleme durch eigenes Handeln lösen zu können. Ihre Lebenspläne waren realistisch.

Als wichtigster Schutzfaktor des Umfeldes stellte sich heraus: Für ein gesundes harmonisches Heranwachsen ist zumindest eine Bezugsperson notwendig. Das müssen nicht immer die Eltern sein, auch eine Tante, die Großmutter, der Pfarrer oder eine Nachbarin – Hauptsache ist, das Kind kennt einen Menschen, bei dem es Schutz und Hilfe, Sicherheit und Akzeptanz findet. Diese und alle in der Folge durchgeführten Untersuchungen haben gezeigt, dass nur, wenn das elementare Grundbedürfnis eines heranwachsenden Kindes nach verstehender Resonanz befriedigt wird, Resilienz entstehen kann. Der Mensch braucht den anderen Menschen zur Entwicklung seiner potenziellen Möglichkeiten.

M1 Übungen

Übung 1: Subjektive Gesundheitsvorstellungen
Im biomedizinischen Krankheitsmodell wird Krankheit als eine Störung der normalen Funktionen des Organismus und Gesundheit als Abwesenheit von Krankheit bzw. das Freisein von Symptomen definiert. Somit steht nicht der Mensch im Zentrum der Betrachtungen, sondern die Krankheit bzw. Gesundheit. Im Kontext des biomedizinischen Modells wurde in den 1950er Jahren das Risikofaktorenmodell entwickelt und untersucht, welche Faktoren besonders zur Entstehung von Krankheiten beitragen. Damit sollte die Erfassung von Risikopatienten und deren Behandlung besser bewältigt werden.

Bereits im Jahre 1946 wurde Gesundheit von der WHO als ein »Zustand vollkommenen körperlichen, psychischen und sozialen Wohlbefindens und nicht nur als Freisein von Krankheit und Gebrechen« definiert (WHO 1946). Das bedeutet, dass jeder Mensch eine individuelle und subjektive Vorstellung davon hat, was Gesundheit bedeutet und wie Gesundheit entsteht. Das subjektive Gesundheitsverständnis eines Menschen beeinflusst seinen Umgang mit Gesundheit und die Maßstäbe, die an die eigene Gesundheit gelegt werden. Es beeinflusst auch, wie mit gesundheitlichen Defiziten umgegangen wird. So gesehen, kann es eigentlich kein objektiv richtiges Verhalten im Blick auf die eigene Gesundheit geben: Gesundheitsempfinden und Gesundheitshandeln können lediglich auf das Individuum zugeschnitten und individuell angepasst sein.

📖 *Aufgabe: Gesundheit ist ....*
✏ M1 AB 1 zeigt Ihnen Aussagen und Sätze zur Definition von Gesundheit. Überlegen Sie, welcher Aussage Sie zustimmen (ja) bzw. nicht zustimmen (nein) und kreuzen Sie an.

💡 *Reflexion: Was Gesundheit für mich bedeutet*
Schreiben Sie auf, was Gesundheit *für Sie* bedeutet.

- Gesundheit bedeutet für mich _____

_____

- Wenn ich gesund bin, dann fühle ich mich _____

- Wenn ich gesund bin, dann tue ich Folgendes: _____

_____

Übung 2: Zwischen gesund und krank – das Kontinuum

💡 *Reflexion: Wo ich mich befinde*
Im Folgenden sehen Sie graphisch dargestellt ein Gesundheits-Krankheits-Kontinuum.

| Gesundheit | ⟵————————⟶ | Krankheit |

Beantworten Sie folgende Fragen:
- An welcher Stelle auf dem Kontinuum würden Sie momentan ein Kreuz machen?
- In welchen Momenten Ihres Lebens würden Sie Ihr Kreuz eher in Richtung »gesund« versetzen, wann eher in Richtung »krank«?
- Woran erkennen Sie bei sich, wenn Sie sich »gesund« bzw. »krank« fühlen?
- Was könnten Sie tun, um sich so weit wie möglich in Richtung Endpunkt »gesund« zu bewegen?
- Wie könnte die Organisation, in der Sie arbeiten, dazu beitragen, dass Sie sich noch weiter auf den Endpunkt »gesund« zu bewegen können?

📖 *Aufgabe: Mein Tagebuch*
Sie haben eine Woche Zeit. Machen Sie bitte täglich ein Kreuz auf dem Gesundheits-Krankheits-Kontinuum und versehen Sie dieses mit dem jeweiligen Datum. Machen Sie sich dazu Notizen in einem »Gesundheitstagebuch«, das Sie für sich selbst anlegen und in dem Sie festhalten, wie es Ihnen aus welchen Gründen an diesem Tag geht.
Überprüfen Sie nach einer Woche Ihre Einträge. Was stellen Sie fest? Was können Sie aus den Erkenntnissen ableiten?
Diskutieren Sie ihre Erkenntnisse mit Ihrer Kollegin / Ihrem Kollegen und besprechen Sie, was Sie aus diesen Erkenntnissen lernen und was dies für die Organisation, in der Sie arbeiten, und die Gesundheitsförderung in der Organisation bedeutet.

Übung 3: Personale und soziale Gesundheitsressourcen
An welcher Stelle sich Menschen auf dem Gesundheits-Krankheits-Kontinuum befinden, ist abhängig von dem interaktiven Prozess zwischen belastenden Faktoren (Stressoren, vgl. Modul 9) und schützenden Faktoren (Gesundheitsressourcen).

In den verschiedenen Konzepten von Gesundheit werden jeweils unterschiedliche Gesundheitsfaktoren betrachtet und in ihrer Auswirkung auf Gesundheit unterschiedlich gewertet und dementsprechend auch unterschiedlich gemessen, z. B. an der Anzahl von Krankheitstagen, Arztbesuchen oder subjektiven, individuellen Angaben zur Gesundheit. Zunehmend wird auch untersucht, wie Personen ihren Alltag managen, um gesund zu bleiben.

Forschungen zu sozialen Einflussfaktoren zeigen, dass besonders die soziale Integration und die soziale Unterstützung, die Gruppenzugehörigkeit und Familienkohärenz, aber auch das Lern- und Schulumfeld als salutogene Faktoren wichtig sind. Salutogene Faktoren sind außerdem die finanzielle Sicherheit und ein hoher sozialer Status sowie die Religion.

📖 *Aufgabe: Kategorisierung von Gesundheitsressourcen*
✏ Ordnen Sie die folgenden Ressourcen den in der Tabelle (M1 AB 2) genannten Kategorien zu:
Starker Selbstwert, Selbsthilfegruppe, aktive Teilnahme an Entscheidungsprozessen, gesunde Ernährung, Ruhe, Fähigkeit zur Entspannung, Intelligenz, stabiles Zugehörigkeitsgefühl, regelmäßige Bewegung, Freunde, Vorsorgeuntersuchungen, finanzielle Absicherung, gutes Immunsystem, vorbildliche Lehrerin, ehrenamtliche Betätigung, günstige familiäre Bedingungen, ein Sparguthaben, effiziente Stressbewältigung, materielle Sicherheit, Mitgliedschaft in einem Verein, Ausdrucksvermögen, Sprachfähigkeit, klare Wertorientierungen, starker und gefestigter Glaube.
Ergänzen Sie …

♀ *Reflexion: Meine Gesundheitsressourcen*
Erstellen Sie eine Liste mit Gesundheitsressourcen, die Sie häufig einsetzen und die Ihnen helfen, gesund zu bleiben.

Personale Gesundheitsressourcen	Soziale Gesundheitsressourcen

📖 *Aufgabe: Situation und Ressourcen*
Überlegen Sie: In welchen Situationen sind diese Ressourcen besonders hilfreich?

Situation	Ressourcen	Bewertung 1= sehr hilfreich 2= wenig hilfreich

Vergleichen Sie Ihre Ergebnisse mit denen Ihrer Kollegen und Kolleginnen. Wo gibt es Unterschiede? Wo Gemeinsamkeiten? Warum nehmen einige unter Ihnen die gleichen Anforderungen vielleicht als mehr oder weniger belastend wahr? Was hilft wem bei der Stressbewältigung? Diskutieren Sie.

Übung 4: Resilienz – Entstehung und Förderung
Zur Entstehung von Resilienz tragen viele Faktoren bei. Wir haben oben bereits herausgearbeitet, welche Gesundheitsressourcen hilfreich sind. An dieser Stelle wollen wir über die Familie nachdenken. Normalerweise werden die wichtigsten Bezugspersonen des Kindes die Mutter und/oder der Vater sein, denn Eltern sind die besten Resonanzgeber und geben ihrem Kind intuitiv genau das, was es braucht. Besonders wichtig dabei ist, dass zwischen Mutter und Kind ein Spiel der gegenseitigen Spiegelungen stattfindet: Das Kind erhält vom ersten Tage an Resonanz. Das heißt: Es wird wahrgenommen und erhält Rückmeldung. Und wenn es gut läuft zwischen Mutter und Kind, dann wird es nicht nur wahrgenommen, sondern es wird angenommen, es erhält Zuwendung, Anerkennung und Selbstwert stärkende Rückmeldungen, es kann sich seiner Bezugsperson sicher sein und darf aktiv in das Geschehen eingreifen.

So entsteht beim Kind die Gewissheit, dass es auf die Unterstützung seiner Bezugspersonen vertrauen kann, es kann sich sicher fühlen, risikobereit sein und Resilienz entwickeln.

Reflexion: Was hat mich resilient gemacht?
Würden Sie sich als stark und widerstandsfähig bezeichnen?

Wenn ja, dann erinnern Sie sich bitte an Situationen, an Worte, an Verhalten von Mutter, Vater bzw. einer anderen wichtigen Bezugsperson, die dazu beigetragen haben, dass sie Widerstandsfähigkeit entwickeln konnten.

Wenn nein, dann erinnern Sie sich daran, was dazu beigetragen hat, dass Sie nicht so resilient werden konnten.

Gründe	Ich bin stark	
	ja	nein
Worte		
Situationen		
Verhalten		

Anwendung: Was fördert Resilienz?
Denken Sie an die Kinder Ihrer Klasse/Ihrer Gruppe! Ganz bestimmt ist unter ihnen auch ein Kind, das Sie als eher wenig resilient einschätzen würden. Woran erkennen Sie das? Beobachten Sie dieses Kind, machen Sie sich Notizen. Und dann überlegen Sie, was Sie tun können, um dem Kind zu helfen. Diskutieren Sie Ihre Ideen mit Ihren Kollegen und Kolleginnen oder in der Fortbildungsgruppe.

M1 Zusammenfassung und Aufgaben zur Wiederholung

- Was verstehen Sie unter Salutogenese und wie unterscheidet sich dieser Ansatz von anderen Gesundheitsdefinitionen?
- Welche Schlussfolgerungen ziehen Sie aus der Arbeit mit diesem Modul für die Förderung von Ressourcen und Resilienz?

- Füllen Sie den Fragebogen zur (Selbst-)Evaluation aus (s. Anhang, A1)

M1 Zusammenfassung und Aufgaben zur Wiederholung

✎ M1 AB 1: Gesundheit ist …

Gesundheit ist …	ja	nein
… schwer erkennbar, da sie sich im Gegensatz zur Krankheit nicht bemerkbar macht.		
… wenn man mit dem Leben zufrieden ist.		
… das höchste Gut des Menschen.		
… wenn man in der Lage ist, bestimmte Aufgaben zu erfüllen.		
… wenn man ein positives Körpergefühl hat.		
… ein dynamisches Gleichgewicht zwischen sich und der Umwelt.		
… fast ein sozialer Druck, d. h. eine Pflicht, sich fit zu halten.		
… das Freisein von Beschwerden.		
… wenn man arbeiten und etwas leisten kann.		
… eine göttliche Fügung, eine Gabe Gottes.		
… das Fehlen körperlicher Symptome.		
… Selbstverwirklichung.		
… die Abwesenheit von Belastungen.		
…Freude, Glück und Lebenszufriedenheit.		
… nicht zu trennen vom subjektiven Empfinden persönlichen Gesundseins.		
… etwas, für das jeder selbst verantwortlich ist.		
… die Abwesenheit von Krankheit.		
… psychisches Wohlbefinden.		
… kein gleich bleibender Zustand, sondern ein Prozess/eine permanente Veränderung.		
…eine bestimmte Befindlichkeit.		
… etwas, das man so lange als selbstverständlich empfindet, wie man keine Beeinträchtigungen feststellen kann.		
… teuer, da ihre Erhaltung und Wiederherstellung hohe öffentliche und private Kosten verursachen kann.		
… fit zu sein.		

Quelle: Gesang u. Krause 2005, S. 8

✏ *M1 AB 2: Gesundheitsressourcen*

Kategorien	Gesundheitsressourcen
Körperliche Ressourcen	
Personale Ressourcen	
Materielle Ressourcen	
Soziale Ressourcen	
Kulturelle und gesellschaftliche Ressourcen	

Modul 2: Gesundheit im pädagogischen Kontext

M2 Ablauf

Ziele	Verlauf	Methodisch-didaktische Umsetzung	Material
Einführung und Rückblick	Beobachtungen zum Umgang mit eigenen Ressourcen	Sammeln von Ideen	Karteikärtchen Flipchart
Bekanntmachen mit dem Begriff »Kohärenzgefühl«	Begriff »Kohärenzgefühl« klären	*Vortrag, Lektüre und Diskussion*	M2 Theorie
Das eigene Kohärenzgefühl analysieren und seine Entstehung verstehen	*Übung 1*: Gesundheit in meiner Arbeitswelt	*Aufgabe*: Gesundheitsförderung in meiner Einrichtung *Reflexion*: Kurzvortrag erarbeiten und in der Gruppe vorstellen	M2 AB 1
Die Komponenten des Kohärenzgefühls verstehen und an der eigenen Entwicklung nachvollziehen können	*Übung 2*: Mein SOC	Teilnehmer/-innen füllen den Fragebogen zum Kohärenzgefühl aus. Individuelle Auswertung mit Hilfe der Anleitung	SOC-Fragebogen und Auswertungshinweise Anhang, A2
		Reflexion: Konsistenz in meinem Leben *Aufgabe*: Meine Belastungsbalance *Reflexion*: Was für mich bedeutsam ist, wofür ich mich engagiere	Karteikärtchen Stresswaage Flipchart
Einführung in den Zusammenhang von psychischer Gesundheit und SOC	*Übung 3*: Wohlbefinden im Berufsalltag	*Aufgabe*: Erfahrungen in der Schule / im Kindergarten *Reflexion*: Zusammenhalt im Kollegium	
Bedeutung von gesundheitsförderlicher Atmosphäre in der Organisation verstehen	*Auswertung Übung 1*: Gesundheit in meiner Arbeitswelt	*Aufgabe*: Auswertung der Übung 1 und Diskussion	M2 AB 2
Abschlussrunde	Zusammenfassung und Aufgaben zur Wiederholung	Wiederholung, Gruppen- und/oder individuelle Auswertung	Fragebogen, Anhang, A1

M2 Lernziele

Im Modul 2 soll der Zusammenhang von Kohärenzgefühl und Gesundheit erörtert werden. Die Teilnehmer/-innen reflektieren über ihr eigenes Kohärenzgefühl und über die Voraussetzungen, die die Entwicklung der drei Komponenten Verstehbarkeit, Handhabbarkeit und Bedeutsamkeit beeinflusst haben.

Sie verstehen die Bedeutung von gesundheitsförderlichen Arbeitsbedingungen und kohärenten Beziehungen im Arbeitsteam für das eigene Wohlfinden.

M2 Theorie

Das Kohärenzgefühl

Bei der Suche nach den Quellen der Gesundheit hat Antonovsky entdeckt, dass die Menschen sehr unterschiedlich mit den Stressoren ihres Lebens umgehen. Wer in seinem Leben Erfahrungen machen kann, die zur Ausbildung von Gesundheitsressourcen führen, würde – so sagt Antonovsky – bis zu seinem Erwachsenenalter ein starkes Kohärenzgefühl (sense of coherence, abgekürzt SOC) entwickeln.

In seinem Buch *Health, Stress and Coping. New Perspectives on Mental and Physical Well-Being*, spricht Antonovsky (1979) vom »way of looking at the world«, also von einer bestimmten Perspektive auf die Welt, einer generellen Einstellung dem Leben gegenüber.

Dies bedeutet: Wenn Individuen vergleichbaren Stressoren unterliegen, können sie in Abhängigkeit von ihrem Kohärenzgefühl und den ihnen zur Verfügung stehenden Ressourcen durchaus recht unterschiedlich damit umgehen. Der Zusammenhang zwischen Kohärenzgefühl und Ressourcen ist offensichtlich: Menschen mit einem hohen SOC werden ihre Ressourcen eher wahrnehmen und sie auch adäquat – der Situation entsprechend – einsetzen können.

Antonovsky (1979, S. 123) definiert das Kohärenzgefühl wie folgt:

> … a global orientation that expresses the extent to which one has a pervasive, enduring though dynamic feeling of confidence that one's internal and external environments are predictable and that there is a high probability that things will work out as well as can reasonably be expected.

Das Kohärenzgefühl ist demnach die Voraussetzung dafür, dass ein Gefühl von Stimmigkeit, von Zusammenhalt und Ganzheit entsteht. Es besteht aus drei Komponenten, dem Gefühl der Verstehbarkeit, der Handhabbarkeit und Bedeutsamkeit (vgl. Abbildung 1).

Abbildung 1: Das Kohärenzgefühl

Das Kohärenzgefühl bildet sich in der Kindheit und Jugend heraus, es entsteht in Wechselwirkung mit den in Modul 1 diskutierten generellen Widerstandsressourcen.

Wer ein starkes Kohärenzgefühl besitzt, der vertraut darauf, dass die
- Anforderungen des Lebens strukturiert, vorhersagbar und erklärbar sind,
- die Anforderungen aus eigener Kraft oder mit Hilfe bewältigt werden können,
- es sich lohnt und sinnvoll ist, die Anforderungen als Herausforderungen anzunehmen.

Verstehbarkeit – das ist die Überzeugung von der Verständlichkeit und Erklärbarkeit der Welt. Die Dinge und Erlebnisse erscheinen geordnet, kontrollierbar und verstehbar, so dass sie in gewissem Maße vorhersehbar sind oder zumindest nach ihrem Auftreten erklärt werden können.

Handhabbarkeit – das ist die Überzeugung von der Kraft der Ressourcen. Wer sie besitzt, vertraut darauf, dass die Situationen und Aufgaben mit den zur Verfügung stehenden Möglichkeiten und Hilfsmitteln (Ressourcen) zu handhaben und zu bewältigen sind.

Bedeutsamkeit – das ist die Überzeugung von der Bedeutsamkeit des Handelns und des Lebenssinns, sie ist damit die motivationale Komponente. Die Anforderungen des Lebens werden als sinnvoll angenommen und als etwas, für das sich das Engagement lohnt. Ein hohes Maß an Bedeutsamkeit trägt dazu bei, Anforderungen eher als Herausforderung denn als Belastung und Stress zu erleben.

> **Ein Beispiel**
> Stellen Sie sich ein schwieriges Gespräch mit Eltern vor. Eine Erzieherin mit einem starken Kohärenzgefühl wird sich nach diesem Gespräch sagen:»Das ist nicht gut gelaufen, ich war viel zu aufgeregt.« Sie kann das Misslingen ihres Gesprächs mit den Eltern erklären (Komponente Verstehbarkeit). Sie weiß, dass sie die Fähigkeiten hat, es besser zu machen. Denn sie hat in Fortbildungskursen viel über Gesprächsführung und Konfliktlösung gelernt und geübt, außerdem hat sie schon erfolgreiche Gespräche mit Eltern geführt und kann auf die Unterstützung ihrer Kolleginnen zählen. Sie sagt sich:»Ich werde die Eltern noch einmal ansprechen und es wird mir beim nächsten Mal besser gelingen« (Komponente Handhabbarkeit). Sie ist außerdem überzeugt, dass es sinnvoll ist, dieses Gespräch doch noch einmal zu versuchen. Sie möchte unbedingt die Situation für das Kind verbessern, und dazu benötigt sie das Verständnis und die Unterstützung der Eltern. Sie weiß, dass dieses Engagement wichtig ist (Komponente Bedeutsamkeit).
> Die Erzieherin mit einem schwachen Kohärenzgefühl wird wahrscheinlich das Misslingen ihres Gesprächs mit den Eltern als ein persönliches Versagen erleben, vor allem dann, wenn sie schon öfter in solche Situationen geraten ist. Sie traut sich ein Gespräch mit den Eltern nicht mehr zu und wird es in Zukunft lieber vermeiden. Wenn sie ihr Team nicht als Quelle von sozialer Unterstützung wahrnimmt, dann wird sie auch mit den Kolleginnen nicht darüber sprechen und keine Hilfe erbitten. Wenn die soziale Ressource nicht vorhanden oder zumindest nicht bewusst ist und deshalb auch nicht aktiviert wird, dann wird ein Stressor eher als Belastung erlebt, und es kann sich nur schwer das Gefühl der Handhabbarkeit entwickeln.

Eine finnische Arbeitsgruppe (Eriksson u. Lindström 2006) stellte eine Übersicht mit über 500 wissenschaftlichen Arbeiten zur Wirkung des Kohärenzgefühls zusammen. In diesen Untersuchungen zeigt sich ein deutlicher Zusammenhang zwischen der Höhe des Kohärenzgefühls und dem Wohlbefinden, zwischen der Lebensqualität und Lebenszufriedenheit. Dies gilt sowohl für Kinder als auch für Erwachsene.

Mit seinem Salutogenese-Modell hat Antonovsky eine Theorie entworfen, aus der sich Maßnahmen zur Gesundheitsförderung in pädagogischen Arbeitsbereichen ableiten lassen. Aus der salutogenetischen Perspektive betrachtet, wäre die Entwicklung eines starken Kohärenzgefühls eine dieser Maßnahmen. Im Folgenden wird deshalb dargestellt, unter welchen Bedingungen Kohärenz entstehen kann.

Die Entstehung des Kohärenzgefühls

- Entwicklung von Verstehbarkeit

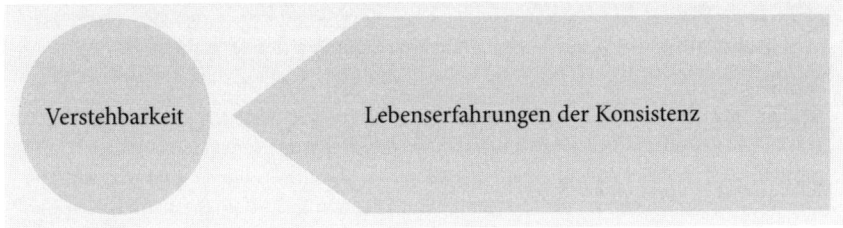

Quelle: Krause u. Lorenz 2009, S. 121

Erfahrungen von Beständigkeit und Verlässlichkeit sind die Voraussetzungen für die Entwicklung dieser Komponente. Im positiven Falle erleben die Heranwachsenden Sicherheit und fühlen sich in tragfähigen Beziehungen angenommen.

- Entwicklung von Handhabbarkeit

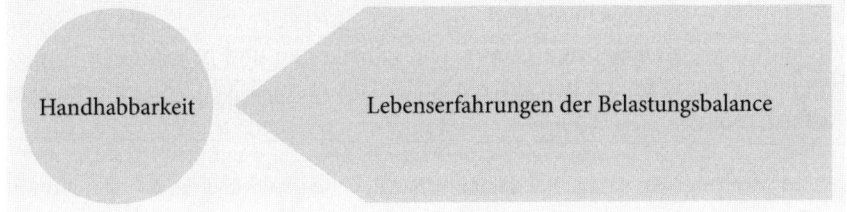

Quelle: Krause u. Lorenz 2009, S. 140

Die Erfahrung von Selbstwirksamkeit ist die Voraussetzung für die Entwicklung dieser Komponente. Sie entsteht, wenn die Heranwachsenden weder unter- noch überfordert werden und wenn sie die Akzeptanz ihrer individuellen Entwicklungsschritte erleben können.

- Entwicklung von Bedeutsamkeit

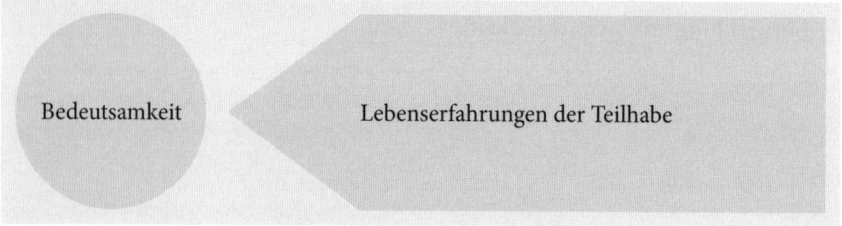

Quelle: Krause u. Lorenz 2009, S. 159

Diese motivationale und emotionale Komponente des SOC entsteht, wenn die Heranwachsenden beim Handeln Resonanz erfahren und in ihrem Engagement als Person mit ihren Stärken und Schwächen akzeptiert, geachtet und respektiert werden.

Die psychische Gesundheit von pädagogischen Fachkräften
Die Potsdamer Untersuchung zur Beanspruchung von Lehrern und Lehrerinnen und den schulischen Arbeitsbedingungen gehört zu den größten dieser Art (Schaarschmidt 2004; Schaarschmidt u. Kieschke 2007). Die Forscher kommen zu dem Ergebnis, dass der Lehrberuf unter dem Aspekt der psychischen Belastung zu den kritischsten Berufen gehört. Die schwirigen und belastenden Aufgaben liegen häufig in den besonderen sozial-kommunikativen und emotionalen Anforderungen.

> Da wird einerseits soziale Sensibilität verlangt, andererseits aber auch – vor allem in Bezug auf die eigene Person – ein hohes Maß an Robustheit. Gewünscht ist ein empathisches und partnerschaftliches Verhalten gegenüber den Schülern, doch zugleich ist es unumgänglich, zur Selbstbehauptung und Durchsetzung in der Lage zu sein. Gefordert sind Verantwortungsbewusstsein und ein hoher Anspruch an die Güte der eigenen Arbeit, andererseits kommt der Lehrer nicht umhin, sich mit viel Unvollkommenem und Unerreichtem abfinden und permanent mit dem Gefühl des Nicht-Fertig-Seins leben zu müssen. Nicht zu unterschätzen sind auch die zu erbringenden Aufmerksamkeitsleistungen, die dadurch charakterisiert sind, dass ständig ein hohes Maß an fokussierter (auf den einzelnen Gegenstand oder Schüler gerichteter) und verteilter (auf das gesamte Geschehen in der Klasse bezogener) Aufmerksamkeit gefordert ist. In welchem Beruf noch wird eine solche Leistung über Stunden hinweg abverlangt, ohne dass Phasen der Entspannung zwischengeschaltet wären? (Schaarschmidt 2004, zit. in DAK 2006, S. 36)

Das wichtigste Ergebnis der Untersuchungen von Schaarschmidt (2004) ist, dass die Ressource »soziale Unterstützung« für die Erhaltung der Lehrergesundheit im schulischen Alltag vorrangige Bedeutung hat.

Seit dem Jahre 2007 werden vom Deutschen Gewerkschaftsbund regelmäßige, jährliche Berichterstattungen über die Entwicklung der Arbeitsbedingungen aus Sicht der Beschäftigten in Deutschland angefertigt. Aus den Ergebnissen der Erhebungen aus den Jahren 2007 und 2008 (Fuchs u. Trischler, o. J.) entstand der Bericht *Arbeitsqualität aus Sicht von Erzieherinnen und Erziehern*. Zur Gesundheit dieser Berufsgruppe findet sich in der Studie folgende bemerkenswerte Aussage: »Nur 13 % der Erzieherinnen und Erzieher geben an, während bzw. unmittelbar nach der Arbeit keine gesundheitlichen Beschwerden zu empfinden. Besonders verbreitet sind Kopf-, Rücken- und Nackenschmerzen, Erschöpfungszustände, Atembeschwerden und Hörverschlechterungen« (S. 17). Nur 26 Prozent glauben laut der Studie, in diesem Beruf gesund das Rentenalter erreichen zu können, damit liegen sie im Vergleich mit anderen Berufsgruppen weit unter dem Durchschnittswert aller Berufe (54 Prozent).

An der Spitze der von den Erzieher/-innen genannten körperlichen Belastungen steht der Lärm. Zu den hohen emotionalen Belastungen gehören die spezifischen Anforderungen dieser Tätigkeit: mit den Problemen anderer Menschen professionell umgehen zu müssen. Sie leiden dann besonders unter dieser Belastung, wenn sie von anderen Menschen während ihrer Arbeit unwürdig oder herablassend behandelt werden.

Insgesamt wird der hohe Arbeits- und Leistungsdruck in dieser Berufsgruppe beklagt. Nur 22 Prozent der Befragten schätzen ihre Arbeitsbedingungen als gut ein.

Es ist offensichtlich, dass es vor allem für »ältere« Erzieherinnen und auch Lehrerinnen – damit sind alle über 45 Jahre gemeint – schwierig ist, sich den steigenden Anforderungen und vielfältigen Herausforderungen ihres Berufes zu stellen. Besondere Fortbildungsmaßnahmen sind für diese Altersgruppe dringend notwendig, bisherige Bemühungen und Angebote scheiterten aber häufig an den praktischen Umsetzungsmöglichkeiten (Krause u. a. 2007). Unser Trainingsbuch soll und kann eine Hilfe sein, selbstständig oder mit den Kolleginnen und Kollegen der eigenen Einrichtung etwas für das eigene Wohlbefinden und den Erhalt der Gesundheit zu tun.

M2 Übungen

Übung 1: Gesundheit in meiner Arbeitswelt

Die Teilnehmer/innen reflektieren über ihre eigenen Arbeitsbedingungen. Sie überlegen, welche Veränderungen bereits stattgefunden haben bzw. notwendig wären. Dabei sollten sie auch ihren eigenen Beitrag zur Gesundheitsförderung herausarbeiten.

📖 *Aufgabe: Gesundheitsförderung in meiner Einrichtung*
Stellen Sie in einer Liste (M2 AB 1) zusammen, was sich in Ihrer Schule/Ihrem Kindergarten in den letzten fünf Jahren in Bezug auf gesundheitsförderliche Bedingungen verändert hat.
   Überlegen Sie, was sich verändern müsste.
   Schließlich überlegen Sie, was Ihr eigener Beitrag war oder was Ihr eigener Beitrag sein könnte.

📖 *Aufgabe: Kurzvortrag*
Erarbeiten Sie daraus einen Kurzvortrag für eine Gesamtkonferenz an Ihrer Schule! Sie können diesen Vortrag später in einer Kleingruppe vorstellen.

Übung 2: Mein SOC

Antonovsky hat zur Messung des Sense of Coherence (SOC) einen Fragebogen entwickelt. Davon existieren inzwischen verschiedene Varianten (mit 29, 19 und 9 Aussagen). Auch für Kinder ist bereits eine Version (mit zwölf Fragestellungen) entwickelt worden. Die drei Komponenten des Kohärenzgefühls sind jeweils durch mehrere Aussagen repräsentiert.
   Der Fragebogen wurde ins Deutsche übersetzt und bereits mehrfach erprobt und validiert (Schumacher u.a 2000a, 2000b; Singer u. Brähler 2007).
   Füllen Sie den Fragebogen einmal für sich persönlich aus. Sie finden ihn und die Anleitung für die Auswertung im Anhang, A2.

💡 *Reflexion: Konsistenz in meinem Leben*
Bilden Sie Kleingruppen von drei Personen und tauschen Sie sich zu folgenden Fragen aus:
- Was oder wer hat mir in meiner Kindheit Sicherheit vermittelt?
- Welche Rituale gab es in unserer Familie?
- Mit welchem Lehrer/welcher Lehrerin verbinden sich bei mir positive Erinnerungen? Warum?

📖 *Aufgabe: Meine Belastungsbalance*
Sie sollen jetzt eine Stresswaage zeichnen oder anfertigen. Diese Stresswaage soll dazu dienen, Ihre Stressoren und Ihre Ressourcen gegeneinander abzuwägen. Sie brauchen dazu Karteikärtchen. Zunächst schreiben Sie auf, welche Stressoren Sie gegenwärtig haben (jeweils einen Stressor auf ein Kärtchen), danach schreiben Sie Ihre Ressourcen auf (wieder jeweils eine Ressource auf ein Kärtchen).

Legen Sie nun auf die eine Seite der Waage die Kärtchen mit den Stressoren und auf die andere Seite die Kärtchen mit den Ressourcen. Auf welche Seite neigt sich Ihre Stresswaage? Was bedeutet das für Sie?

💡 *Reflexion: Was für mich bedeutsam ist, wofür ich mich engagiere*
Arbeit mit Flipchart

Ich engagiere mich für	Ich möchte mich gern engagieren für

Sie können dazu wiederum Karteikärtchen nutzen und dann am Flipchart anheften. Sie können auch etwas zeichnen oder mit Symbolen arbeiten. Es sollte an Engagement in allen Lebensbereichen gedacht werden (familiäre, berufliche, gesellschaftliche, kulturelle …).

Anschließend kann mit Hilfe der fertiggestellten Übersicht diskutiert werden:
• Wird das Engagement als Partizipation und als bedeutsam erlebt?
• Wird es anerkannt? Von wem? Von wem nicht?

Übung 3: Wohlbefinden im Berufsalltag

📖 *Aufgabe: Erfahrungen in der Schule*
Die folgende Übung beschäftigt sich mit Erfahrungen, die für die Entwicklung von Wohlbefinden hinderlich sind und Unwohlsein erzeugen.
✏ Kreuzen Sie auf M2 AB 2 an, welche der Aussagen auch zu Ihren Erfahrungen gehören und bestimmen Sie außerdem, wie bedeutsam diese Erfahrung für Ihr Wohlbefinden war oder ist (sehr bedeutsam = 3, bedeutsam = 2, nicht bedeutsam = 1) Sie können die Liste ergänzen.

📖 *Aufgabe: Erfahrungen in der Kita*
✎ Verfahren Sie entsprechend, wenn Sie im frühkindlichen Bereich tätig sind.

💡 *Reflexion: Zusammenhalt im Kollegium*
Der Zusammenhalt im Kollegium ist eine wichtige Voraussetzung für das Wohlbefinden jedes Einzelnen. Wie verhält es sich damit in Ihrer Einrichtung? Die Diskussion dazu können Sie auf unterschiedliche Weise führen. Eine Möglichkeit wäre es, zunächst in der Kleingruppe darüber zu sprechen und die Ergebnisse dann der gesamten Gruppe vorzustellen. Folgende Fragestellung sollte die Grundlage für diese Diskussion sein:

Wie können die soziale Unterstützung und der Zusammenhalt im Kollegium gestärkt werden, damit die kollegialen Beziehungen als vertrauensvoll und unterstützend und damit als Ressource gegen Stress erlebt werden?

Auswertung Übung 1: Gesundheit in meiner Arbeitswelt
Die Auswertung der drei Fragen von Übung 1 wird vorgestellt:
- Was hat sich in der Einrichtung in den letzten Jahren im Hinblick auf Gesundheitsförderung verändert?
- Was müsste sich verändern?
- Wie war ich selbst beteiligt, wie könnte ich mich beteiligen?

Danach sollten einige der Vorträge, die am Anfang erarbeitet worden sind, gehalten werden. Das kann in Kleingruppen oder in der Gesamtgruppe erfolgen. Auch bei individueller Arbeit sollte eine Möglichkeit zum Vortragen gesucht werden.

M2 Zusammenfassung und Aufgaben zur Wiederholung

- Erklären Sie einer anderen Person aus Ihrer Familie oder Ihrem Bekanntenkreis, was das Kohärenzgefühl ist, wie es im Lebenslauf entsteht und welche Bedeutung es für das Wohlbefinden hat.
- Schreiben Sie jeden Abend auf,
  - was Ihnen am vergangenen Tag wichtig war,
  - was Sie in Ihrem Tun bestärkt und Ihnen Sicherheit gegeben hat,
  - was Sie als angemessene Anforderung erlebt haben, und was Sie überfordert und belastet hat.

Füllen Sie den Fragebogen zur (Selbst-)Evaluation aus (Anhang, A1)

M2 Zusammenfassung und Aufgaben zur Wiederholung

✒ *M2 AB 1: Gesundheitsförderung in meiner Einrichtung*

Was hat sich in den vergangenen fünf Jahren in meiner Einrichtung in Bezug auf gesundheitsförderliche Bedingungen verändert?

_____

_____

_____

Was müsste sich meiner Meinung nach verändern?

_____

_____

_____

Was war mein eigener Beitrag?

_____

_____

_____

Was könnte mein Beitrag in Zukunft sein?

_____

_____

_____

Quelle: Gesang u. Krause 2005

M2 AB 2: Erfahrungen in der Schule

Aussage	trifft zu	trifft nicht zu	Bedeutsamkeit 3/2/1
Das Interaktions- und Kommunikationsgeschehen in der Schulklasse ist auf schulische Inhalte eingeengt.			
Es sind zu viele verhaltensauffällige Kinder in der Klasse, so dass ein normaler Unterricht kaum möglich ist.			
Die institutionellen Rahmenbedingungen sind eher gesundheitsschädigend als gesundheitsförderlich (Lärm, Bewegungsmangel, kein gemeinsames Frühstück).			
Eltern verhalten sich wenig kooperativ und üben häufig zusätzlichen Druck auf ihre Kinder aus. Sorge um die Karriere des Kindes und dessen Zukunft führen zu überhöhten Erwartungen an die Schulleistungen.			
Immanenter Leistungsdruck und frühe Selektion lassen wenig Raum für individuelle Förderung des einzelnen Kindes.			
Pädagogische Fachkräfte wissen zu wenig von den Kindern, sie kennen sie häufig nur aus dem Lebensbereich Schule.			
Die Kooperation von Eltern und Kindern gelingt nur unzureichend.			
Die gesellschaftliche Akzeptanz des Lehrerberufs ist gering, die pädagogische Leistung wird ungenügend anerkannt.			
Lehrer/-innen werden für Versäumnisse der Politik verantwortlich gemacht.			
Die Verwaltungsaufgaben sind zu umfangreich.			
Vielfalt und Andersartigkeit hinsichtlich der kulturellen Zugehörigkeit werden häufig als Belastung empfunden.			

M2 Zusammenfassung und Aufgaben zur Wiederholung

✏ M2 AB 3: Erfahrungen in der Kita

Aussage	trifft zu	trifft nicht zu	Bedeutsamkeit 3/2/1
Das Interaktions- und Kommunikationsgeschehen im Kindergarten ist auf pädagogische Inhalte eingeengt.			
Viele Kinder sind schwierig zu erziehen, sie leiden häufig schon unter auffälligem Verhalten.			
Die institutionellen Rahmenbedingungen sind eher gesundheitsschädigend als gesundheitsförderlich (Lärm, Bewegungsmangel, unbequeme Sitzmöbel, keine Ruhepausen).			
Eltern verhalten sich wenig kooperativ und üben häufig zusätzlichen Druck auf ihre Kinder aus. Sorge um die Karriere des Kindes und dessen Zukunft führen zu überhöhten Erwartungen.			
Die Arbeit leidet permanent wegen personeller Unterbesetzung.			
Pädagogische Fachkräfte kennen häufig nur einen Ausschnitt der Persönlichkeit der Kinder.			
Die Ausbildung berücksichtigt zu wenig die tatsächlichen Anforderungen, die Erzieher/-innen in der pädagogischen Arbeit zu bewältigen haben.			
Die soziale Akzeptanz durch Leitung und Träger ist unzureichend. Die Tätigkeit von Erzieher/-innen findet zu wenig gesellschaftliche Anerkennung.			
Vielfalt und Andersartigkeit hinsichtlich der kulturellen Zugehörigkeit werden häufig als Belastung empfunden.			

Modul 3: Die Gesundheitsressource *Selbstwert*

M3 Ablauf

Ziele	Verlauf	Methodisch-didaktische Umsetzung	Material
Einführung in die personalen Gesundheitsressourcen	Welche Ressourcen sind gesundheitsförderlich? Welche Bedeutung hat das Selbstwertgefühl?	Vortrag, Lektüre und Diskussion Sammeln der Erwartungen und Erfahrungen	M3 Theorie Flipchart
	Übung 1: Wie ich bin	Aufgabe: Selbstbeschreibung Entspannungsübung: Ballast abwerfen …	Schreibpapier Textvorlage Anhang, A7
Begriffsklärung: Selbst, Selbstbild, Selbstwertgefühl		Lektüre Evtl. Vortrag	M3 Theorie
Selbstreflexion anregen und üben. Die Höhe des eigenen Selbstwertes erkunden und untersuchen, welche Informationen bedeutsam für den Selbstwert sind.	Übung 2: Meine Stärken – Meine Schwächen Übung 3: Mein Selbstwertgefühl	Aufgabe: Figur ausmalen und evtl. Präsentation Reflexion: Was ich an mir wertschätze Aufgabe: Selbstwertskala Reflexion: Tagebuch zum Erleben von Selbstwert	M3 AB 1 Stifte Tagebuch
Selbstbeobachtung Gedicht lesen und interpretieren	Übung 4: Wie der Selbstwert entsteht	Reflexion: Was meinen Selbstwert am meisten beeinflusst hat Aufgabe: Gedicht Ich bin ich Anwendung: Stärkung des Selbstwertgefühls von Kindern	M3 AB 2
Abschlussrunde	Zusammenfassung und Aufgaben zur Wiederholung	Wiederholung, Gruppen- und/oder individuelle Auswertung	Fragebogen Anhang, A1

M3 Lernziele

Die Teilnehmer/-innen reflektieren über ihre Stärken und Schwächen und über das, was zur Entstehung ihres Selbstwertgefühls beigetragen hat. Es soll die Bedeutung eines positiven Selbstwertgefühls für das Wohlbefinden und die Gesundheit sowohl bei Kindern als auch bei Erwachsenen verstanden werden. Außerdem sollen die Bedingungen, die für die Entstehung und Stärkung dieser Gesundheitsressource in der Familie und Kita sowie Schule notwendig sind, analysiert werden.

M3 Theorie

Zu den Selbst-Begriffen

Das Selbst wird bestimmt durch das, was ein Mensch über sich selbst weiß, wie er sich definiert und sehen möchte. Es ist ein Konstrukt, an dem lebenslang gearbeitet wird. Es entsteht in der Interaktion mit anderen Menschen (Mead 1968), denn ohne das Wir kann es auch kein Ich geben (Siefer u. Weber 2008). Die Rückmeldungen, die eine Person von ihrer Umwelt erhält, lassen ein Selbstbild entstehen, das sowohl aus kognitiven internen Repräsentationen als auch aus einer emotionalen Beziehung zur eigenen Person besteht.

Menschen setzen sich mit ihrer Welt auseinander, in ihrem Gehirn entstehen Bilder (Muster) ihrer Wirklichkeit. Sie konstruieren sich eine Theorie ihrer Welt und auch ihrer Person. Filipp und Frey (1987) sprechen von der »Dualität des Selbst«: Der Mensch ist fähig, sowohl wahrnehmendes Subjekt als auch Objekt der Wahrnehmung zu sein. Wenn unsere Erkenntnistätigkeit auf uns selbst gerichtet ist, wenn wir uns also um Selbstwahrnehmung und Selbsterkenntnis bzw. Selbstreflexion bemühen, scheinen Emotionen eine besonders große Rolle zu spielen. Auch die Informationen, die wir von anderen über uns bekommen (»Das hast du aber gut hingekriegt«, »Du scheinst aber auch nie etwas zu begreifen«) lösen starke Gefühle aus.

Viele Selbstforscher unterscheiden zwischen dem, was eine Person über sich weiß (Selbstkonzept bzw. Selbstschema) und der emotionalen Beziehung zu sich selbst (Selbstwertgefühl).

Das Selbstwertgefühl

Das Selbstwertgefühl ist die gefühlsmäßig verankerte Beziehung eines Menschen zu sich selbst und schließt die Akzeptanz der eigenen Person sowie Zuversicht in die eigenen Möglichkeiten ein. Es ist jenes Gefühl, das aus dem Erleben von Kompetenz, Partizipation und Anerkennung entsteht (Krause 2009).

Viele Arbeiten zur Entwicklung des Selbst im Kindes- und Jugendalter (z. B.

Stern 1923; Rosenberg u. Kaplan 1982; Fuhrer, Marx, Holländer u. Möbes 2000; Filipp 1984; Krause 1987; Krause 2000; Schachinger 2002; Krause, Wiesmann u. Hannich 2004) haben gezeigt, dass das Selbstwertgefühl eine Schlüsselrolle für die psychische Gesundheit spielt.

Wie eng die Selbstwertschätzung mit der Gruppe verbunden ist, zeigen auch die neueren Ergebnisse der Hirnforschung. Obwohl gerade durch die Fortschritte auf diesem Gebiet viele neue Fragen, z. B. zum Bewusstsein und insbesondere auch zum Selbst, entstanden sind (Roth 2003; Singer 2002; Metzinger 2010), kann behauptet werden, dass Menschen als soziale Wesen mit Gehirnen ausgestattet sind, die durch die gegenseitige Spiegelung und durch Erfahrungen von Resonanz in der Lage sind, über sich selbst zu reflektieren. Da diese Reflexionen aber immer mit Wertungen verbunden sind, werden die selbstbezogenen Informationen emotional aufgenommen und gespeichert. Gesundheitsförderlich sind sie dann, wenn sie dem natürlichen Bedürfnis nach Selbstwertstärkung entsprechen.

M3 Übungen

Übung 1: Wie ich bin

📖 *Aufgabe: Selbstbeschreibung*
Nehmen Sie sich 10 Minuten Zeit und schreiben Sie auf, was Ihnen zu dem Thema »Wie ich bin« einfällt.

⬆️ *Entspannungsübung*
Diese Übung eignet sich gut für eine Gruppe. Sie finden den Text im Anhang, A7. Wenn Sie ganz allein entspannen möchten, dann sollten Sie zuvor die Anweisungen auf einen Datenspeicher sprechen.

Die Pünktchen zeigen die Pausen an (ca. 15 Sekunden). Für die Übung sollte genügend Zeit sein, so dass Vorstellungen und Erinnerungen entstehen können.

Übung 2: Meine Stärken – Meine Schwächen

📖 *Aufgabe: Figur ausmalen*
✏️ Reflektieren Sie über ihre eigenen Stärken und zeichnen sie diese mit rotem Stift in die Figur ein (M3 AB 1).

Beispiel: Wer von sich sagen möchte, dass er gut reden kann, würde sich einen roten Mund malen. Oder für »gut laufen können« würden die Beine oder Füße rot ausgemalt werden.

Danach denken Sie über Ihre Schwächen bzw. Schmerzen nach und malen diese mit schwarz oder blau ein. Anschließend können die ausgemalten Bilder in der Gruppe gezeigt und erklärt werden. Es sollte aber jede/r selbst entscheiden, ob sie/er das Bild in der Gruppe besprechen möchte.

Sie können diese Übung auch etwas abwandeln und einmal darüber nachdenken, wie Sie das Körperbild für eine andere Person (Partnerin bzw. Partner, Kollegin bzw. Kollege) ausmalen würden. In dem Falle ist es ratsam, zunächst nur die Stärken einzuzeichnen. Das »Geschenk« kann ein guter Ausgangspunkt für ein Gespräch werden.

Sie können auch Ihrer Tochter / Ihrem Sohn / ihren Kitakindern / ihren Schülern so ein Bild malen. Vielleicht fällt dem Kind dann noch mehr ein und es malt noch etwas dazu.

Eine weitere Möglichkeit wäre, die Kinder in Ihrer Klasse/Gruppe aufzufordern, das für sich selbst oder auch für ein anderes Kind zu tun.

Übung 3: Mein Selbstwertgefühl

♀ *Reflexion: Was ich an mir wertschätze*
Denken Sie über Ihren Selbstwert nach. Schreiben Sie mindestens drei Dinge auf, die Sie an sich wertschätzen oder wofür Sie sich wertschätzen.

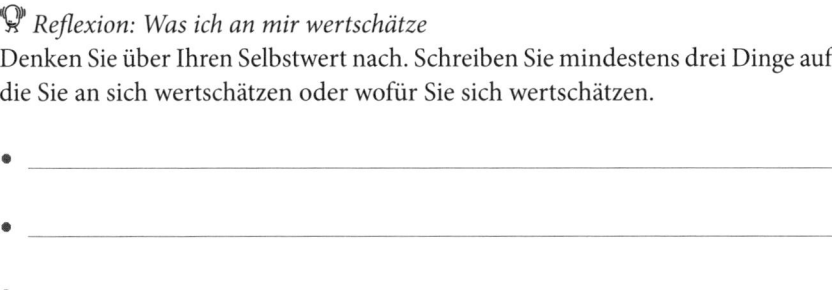

📖 *Aufgabe: Selbstwertskala*
Das Selbstwertgefühl kann hoch sein (10) oder niedrig (0). Versuchen Sie die Höhe Ihres Selbstwertes einzuschätzen. Machen Sie an dieser Stelle des Pfeils einen Strich (oder ein Kreuz) und schreiben Sie das Datum darüber. Wenn Sie das eine Woche lang jeden Tag tun (am besten immer abends), dann haben Sie schließlich sieben verschiedene Kennzeichen auf der Linie.

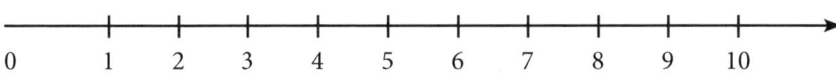

♀ *Reflexion: Tagebuch zum Erleben von Selbstwert*
✐ Notieren Sie zusätzlich zwei Wochen lang an jedem Tag, was zu Ihrem Selbstwertgefühl an dem Tag beigetragen hat (M3 AB 2). Was ist Ihnen z. B. gut gelungen, welche Informationen haben Sie erhalten, was hat bei Ihnen Stolz, Scham oder andere Gefühle ausgelöst?

Übung 4: Wie der Selbstwert entsteht
Die Familie ist der Ort, an dem ein Kind die ersten Beziehungsangebote erhält und erwidert. In der Kommunikation mit den anderen Familienmitgliedern erwirbt es die Fähigkeit, sich selbst zu erfahren, sein Selbstbild und sein Selbstwertgefühl zu entwickeln. Familiäre Beziehungen sind von hoher Intimität gekennzeichnet und haben damit einen besonderen Stellenwert für die Herausbildung des Selbstwertes. Sie sollen emotionale Wärme, Stabilität und Verlässlichkeit gewährleisten und die Balance zwischen Autonomie und Bindung halten können. Das ist eine hohe Anforderung und nicht alle Familien können das bewältigen.

In den meisten Familien kann das Kind Erfahrungen, die seinen Selbstwert stärken, machen. Die Bezugspersonen vermitteln durch ihr Verhalten dem Kind Wertschätzung und geben ihm Sicherheit. Sie lieben ihr Kind, vertrauen auf seine Entwicklung und freuen sich über Fortschritte, sie reden offen und akzeptieren die Individualität und die Besonderheiten ihres Kindes.

Eltern verfolgen mit großen Erwartungen, mit viel Aufmerksamkeit und Stolz das Heranwachsen ihres Kindes. Für Mama und Papa, für Oma und Opa und für die Geschwister ist dieses Kind in den meisten Fällen das schönste, das liebste und allerbeste Baby. Das spiegeln sie in ihrem Verhalten dem kleinen Kind gegenüber wider. Das Lächeln der Mutter, wenn sie ihr Kind anschaut, die warme kosende Stimme, wenn sie zu ihm spricht und das intuitive Verstehen der kindlichen Wünsche – das sind Beispiele dafür, wie dem Kind mitgeteilt wird, dass es geliebt wird.

Für Virginia Satir – eine der ersten Familientherapeutinnen in den USA – ist es notwendig, dass Kinder in einer Atmosphäre aufwachsen, »in der individuelle Unterschiede gewürdigt werden, Liebe offen zum Ausdruck gebracht wird, wo die Möglichkeit besteht, aus Fehlern zu lernen, wo offen kommuniziert wird, Regeln flexibel gehandhabt werden, Verantwortlichkeit (Übereinstimmen von Versprechungen und deren Umsetzung in die Realität) vorgelebt wird und Ehrlichkeit praktiziert wird.« (Satir 2004, S. 48).

♀ *Reflexion: Was meinen Selbstwert am meisten beeinflusst hat*
Erinnern Sie sich an Ihre Kindheit, versuchen Sie herauszufinden, welche Rolle das, was in Ihrer Familie gesagt und getan wurde, für die Entwicklung Ihres Selbstwertgefühls gehabt hat.

1. Selbstwert stärkende Bemerkungen meiner Eltern

2. Selbstwert schwächende Bemerkungen meiner Eltern

3. Selbstwert stärkendes Verhalten meiner Eltern

4. Selbstwert schwächendes Verhalten meiner Eltern

Im Kindergarten und in der Schule wird das Selbstwertgefühl des Kindes von den Beziehungen zu den Erzieher/innen und Lehrer/innen und von den Kindern untereinander beeinflusst. Während um die Gunst und Liebe der Eltern höchstens mit den Geschwistern gerungen werden musste, sind es jetzt viele Kinder, die die Zuwendung der Erzieherin oder Lehrerin erlangen wollen. Von ihren Bewertungen werden Glück und Unglück des Kindes zunehmend bestimmt, in der Schule wird das noch durch formale Benotung verschärft.

📖 *Aufgabe: Gedicht »Ich bin ich«*
Lesen Sie sich das Gedicht *Ich bin ich* von Virginia Satir in Ruhe durch. Überlegen Sie, ob Sie dem letzten Satz zustimmen können. Versuchen Sie diesen Satz doch auch einmal zum Ausgangspunkt für ein Gespräch mit den Kindern Ihrer Gruppe bzw. Klasse zu nutzen. Regen Sie die Kinder an, darüber nachzudenken (und es auch zu sagen oder zu malen), warum sie sich gut finden.

Ich bin ich
Auf der ganzen Welt gibt es niemanden wie mich.
Es gibt Menschen, die mir in vielem gleichen,
aber niemand gleicht mir aufs Haar.

Deshalb ist alles, was von mir kommt,
mein Eigenes, weil ich mich dazu entschlossen habe.

Alles, was mit mir zu tun hat, gehört zu mir.
Mein Körper, mit allem was er tut,

mein Kopf, mit allen Gedanken und Ideen,
meine Augen, mit allen Bildern, die sie erblicken,
meine Gefühle, gleich welcher Art – Ärger, Freude,
Frustration, Liebe, Enttäuschung, Begeisterung.
Mein Mund und alle Worte, die aus ihm kommen,
höflich, lieb oder schroff, richtig oder falsch.
Meine Stimme, laut oder leise,
und alles, was ich mir selbst oder anderen tue.

Mir gehören meine Fantasien,
meine Träume, meine Hoffnungen, meine Befürchtungen,
mir gehören all meine Siege und Erfolge
und all meine Niederlagen und Fehler. Weil ich mir ganz gehöre,
kann ich mich näher mit mir vertraut machen.
Dadurch kann ich mich lieben
und alles, was zu mir gehört, freundlich betrachten.

Damit ist es mir möglich,
mich voll zu entfalten.
Ich weiß, dass es einiges an mir gibt,
das mich verwirrt, und manches,
das ich noch gar nicht kenne.
Aber solange ich freundlich und liebevoll mit mir umgehe,
kann ich mutig und hoffnungsvoll
nach Lösungen für Unklarheiten schauen
und Wege suchen,
mehr über mich selbst zu erfahren.
Wie auch immer ich aussehe und mich anhöre,
was ich sage und tue,
was ich denke und fühle,
immer bin ich es.

Es hat seine Berechtigung,
weil es ein Ausdruck dessen ist,
wie es mir im Moment gerade geht.
Wenn ich später zurückschaue,
wie ich ausgesehen und mich angehört habe,
was ich gesagt und getan habe,
wie ich gedacht und gefühlt habe,

kann es sein,
dass sich einiges davon als unpassend herausstellt.

Ich kann das, was unpassend ist, ablegen
und das, was sich als passend erwiesen hat, beibehalten
und etwas Neues erfinden für das,
was ich abgelegt habe.

Ich kann sehen, hören, fühlen, denken, sprechen und handeln.
Ich besitze die Werkzeuge, die ich zum Überleben
brauche, mit denen ich Nähe zu anderen herstellen
und mich schöpferisch ausdrücken kann,
und die mir helfen, einen Sinn und eine Ordnung
in der Welt der Menschen und der Dinge
um mich herum zu finden.

Ich gehöre mir
und deshalb kann ich aus mir etwas machen.
Ich bin ich
und so, wie ich bin, bin ich ganz in Ordnung.

Virginia Satir (2004, S. 49–51)

Anwendung: Stärkung des Selbstwertgefühls von Kindern
Wie stärke ich das Selbstwertgefühl der Kinder meiner Gruppe?

Schreiben Sie alles, was Ihnen zur Beantwortung der Frage einfällt, auf. Wenn Sie jede Idee auf ein Kärtchen schreiben, dann können Sie anschließend versuchen, die einzelnen Maßnahmen zu ordnen und evtl. mit Überschriften zu versehen.

Sie können sich auch eine Woche lang selbst beobachten und das, was sie tun, sammeln. Sprechen Sie mit Ihren Kollegen und Kolleginnen darüber.

Im Anhang, A3, haben wir zusammengestellt, was für die Selbstwertstärkung wichtig ist. Sicherlich ist Ihnen das, was da steht, auch selbst eingefallen. Sie können dies selbstverständlich auch als Anregung nutzen und ausprobieren.

M3 Zusammenfassung und Aufgaben zur Wiederholung

Das Selbstwertgefühl wurde in diesem Modul als eine personale Gesundheitsressource bezeichnet und in seiner Bedeutung für die psychische Gesundheit betrachtet. Beantworten Sie folgende Fragen:
- Was verstehen Sie unter »Selbstwertgefühl«?
- Erklären Sie die Bedeutung des Selbstwertgefühls für die Herausbildung der drei Komponenten des SOC. Was bedeutet es also für die Verstehbarkeit, für die Handhabbarkeit und für die Bedeutsamkeit?

Füllen Sie den Fragebogen zur (Selbst-)Evaluation aus (Anhang, A1).

M3 Zusammenfassung und Aufgaben zur Wiederholung 53

✎ *Arbeitsblatt M3 AB 1: Stärken und Schwächen*

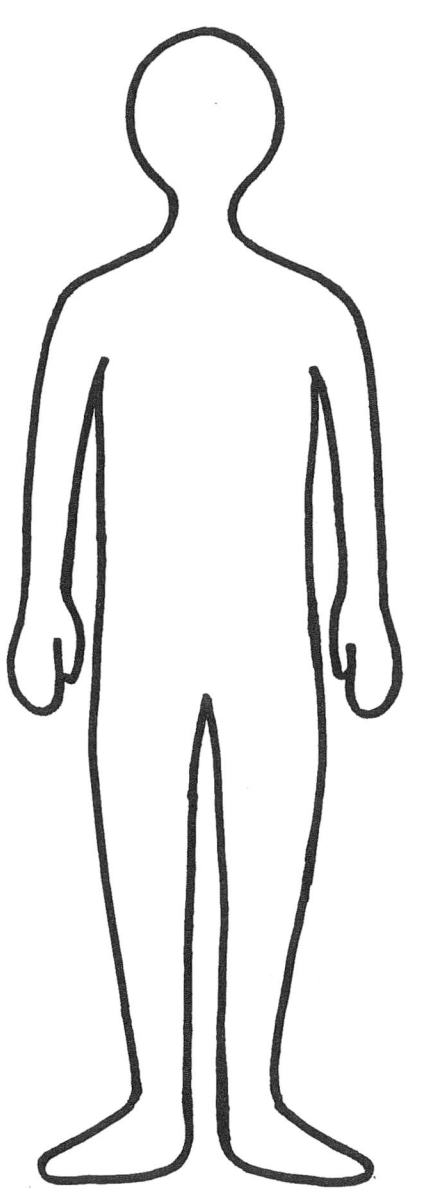

✏ M3 AB 2: Selbstwertgefühl

Tag / Monat	Was hat meinen Selbstwert beeinflusst?	Welche Gefühle hat das ausgelöst?

Modul 4: Die Gesundheitsressource *Zugehörigkeitsgefühl*

M4 Ablauf

Ziele	Verlauf	Methodisch-didaktische Umsetzung	Material
Einführung in die Gesundheitsressource Zugehörigkeitsgefühl		*Vortrag, Lektüre und Diskussion* Sammeln der Erwartungen und Erfahrungen	M4 Theorie Flipchart
Bedeutung des Zugehörigkeitsgefühls für Gesundheit	*Übung 1*: Mein Team	*Aufgabe*: Arbeitsatmosphäre in meinem Team *Aufgabe*: Du bist…	M4 AB 1
Den Zusammenhang von Erziehungszielen und Herausbildung von Zugehörigkeitsgefühl bewusstmachen	*Übung 2*: Zugehörigkeit als Erziehungsziel *Übung 3*: Zugehörigkeit in Kindergarten und Schule	*Reflexion:* Welche Erziehungsziele haben wir? *Aufgabe*: »Unsere Erziehungsziele sind …« *Anwendung*: Ein Praxisbeispiel	M4 AB 2
Erkennen von Mobbing und Handlungsmöglichkeiten	*Übung 4*: Mobbing	*Aufgabe*: Mobbing vs. Konflikt *Aufgabe*: Handlungsmöglichkeiten	M4 AB 3
Abschlussrunde	Zusammenfassung und Aufgaben zur Wiederholung	Wiederholung, Gruppen- und/oder individuelle Auswertung	Fragebogen Anhang, A1

M4 Lernziele

Die Teilnehmer/-innen erkennen das Zugehörigkeitsgefühl als wichtige Gesundheitsressource. Es soll die Bedeutung des Zugehörigkeitsgefühls für das Wohlbefinden und die Gesundheit sowohl bei Kindern als auch bei Erwachsenen verstanden werden. Außerdem sollen die Bedingungen, die für die Entstehung und Stärkung dieser Gesundheitsressource in der Familie und Kita sowie Schule notwendig sind, analysiert werden.

M4 Theorie

Zum Begriff Zugehörigkeit
Das Zugehörigkeitsgefühl ist die gefühlsmäßig verankerte Beziehung zu anderen Menschen. Es ist das Gefühl des Angenommenseins und des Dazugehörens und schließt Sicherheit, Verbundensein und Resonanz ein. (Krause 2009, S. 12)

Aus der Resilienzforschung (Werner u. Smith 1982; Bender u. Lösel 1998; Rutter 2000) ist bekannt, dass jene Kinder, die eine stabile emotionale Beziehung zu mindestens einer Bezugsperson aufbauen können, eine der wichtigsten Bedingungen für eine gesunde Entwicklung besitzen.

Bauer (2006) sagt, dass »der Empfang einer Mindestdosis von verstehender Resonanz ein elementares biologisches Bedürfnis ist, ohne das wir letztendlich gar nicht leben können« (S. 107). Die besten Resonanzgeber sind die Eltern, sie machen intuitiv genau das, was das Kind braucht. Zwischen der Mutter und dem Kind beginnt vom ersten Tage an ein Spiel der gegenseitigen Spiegelungen und des Imitierens. Diese Verhaltensweisen sind kulturübergreifend und gehören – wenn auch mit unterschiedlichen Nuancen – zum Verhaltensrepertoire des menschlichen Wesens.

Resonanz heißt also für das Kind: Es wird wahrgenommen und erhält Rückmeldung. Im positiven Fall wird es nicht nur wahrgenommen, sondern angenommen, es erhält Zuwendung, Anerkennung und Selbstwert stärkende Rückmeldungen, es kann sich seiner Bezugsperson sicher sein und darf aktiv in das Geschehen eingreifen. Die Gewissheit des Kindes, dass es auf die Unterstützung seiner Bezugspersonen vertrauen kann, gehört zu den wichtigsten Ressourcen und ist ein bedeutsamer Gesundheitsfaktor.

Resiliente (widerstandsfähige) Kinder:
- sind neugierig und kreativ,
- haben ein hohes Selbstwertgefühl,
- sind empathisch, offen und kontaktfreudig,
- sind optimistisch und risikobereit,
- haben realistische Lebenspläne, Selbstwirksamkeit und Kontrollüberzeugung.

Kinder müssen – spätestens in der Schule – auch mit Enttäuschungen und Einschränkungen fertig werden, Regeln einhalten, sich gegen andere behaupten oder unterordnen, mit unangenehmen Gefühlen umgehen, Ausgrenzungen erleben oder sogar Mobbing erfahren.

Von den pädagogischen Fachkräften wird erwartet, dass sie diese sozialen Herausforderungen im Alltag erkennen und den Kindern helfen, soziale Kompetenzen zu entwickeln.

Eine sichere Bindung ist das »wichtigste Fundament, auf dem ein Mensch lernen kann, auf seinen eigenen Füßen zu stehen, eigene Erfahrungen zu machen und sich in der Welt zurechtzufinden« (Hüther 2007, S. 55).

In einem emotional positiven Erziehungsklima mit Erwachsenen, die einen konstruktiven Umgang mit Belastungen vorleben, können Kinder Erfahrungen von Sicherheit, Struktur und Sinnhaftigkeit machen.

Auch Antonovsky (1997) hat herausgearbeitet, dass zur Herausbildung des Kohärenzgefühls Erfahrungen notwendig sind, die nur in der Gemeinschaft und in Kommunikation mit den anderen gemacht werden können. Es sollten Erfahrungen sein,
- die dem Bedürfnis des Kindes nach Liebe und Sicherheit (Konsistenz in den Beziehungen) gerecht werden,
- die das Lernbedürfnis erfüllen und den Wissenshunger des Kindes stillen und gleichzeitig die Wahrnehmung und Anerkennung der Entwicklungsfortschritte gewährleisten (Belastungsbalance),
- die die menschliche Würde achten und das Kind gleichberechtigt und selbstbestimmt an gemeinsamen Aufgaben und Entscheidungen teilnehmen lassen (Partizipation).

Schon sehr junge Kinder leiden, wenn sie »nicht mitspielen« dürfen, wenn sie das Gefühl haben, nicht gemocht zu werden, wenn sie Außenseiter sind. Und Mobbing – das systematische und wiederholte Kränken und Verletzen eines Kindes in einer Gruppe – ist unerträglich und macht krank.

Mobbing
Ohne Zugehörigkeit zu einer Gruppe wird der Einzelne selten glücklich. Soziale Isolation führt zum Zusammenbruch der Motivation, im Extremfall geht das Interesse am Leben verloren, der Mensch isst nicht mehr, wird krank und stirbt. Der Voodoo-Tod ist ein bekanntes Beispiel für die Folgen eines totalen Ausschlusses aus der Gemeinschaft. Dieser Ausschluss aus der Gemeinschaft wurde in Naturvölkern als Strafe bei Vergehen verhängt: Es war also nicht nötig, jemanden zu töten. Der Isolierte starb den sogenannten Voodoo-Tod von ganz allein.

Die Menschen unserer modernen Zeit verwenden zwar nicht dieses Verfahren, aber sie tun etwas, was ihm sehr nahe kommt: Mobbing.

Der Begriff »Mobbing« kommt aus dem Englischen (*mob* = Pöbel; *mobbish* = pöbelhaft) und bezeichnet eine spezielle Form von Gewalt. Im Zusammenleben der Menschen – in der Familie, in der Schule, im Betrieb – lassen sich Missverständnisse und Auseinandersetzungen nicht vermeiden. Konflikte gehören zu unserem Zusammenleben, sie sind normal, notwendig und lösbar. Im Gegensatz zu »alltäglichen« Konflikten werden im Fall von Mobbing eine oder mehrere Personen über einen längeren Zeitraum regelmäßig mit dem Ziel der sozialen

Ausgrenzung belästigt. Die Schikanen können subtil, aber auch gewalttätig ausgeführt werden. Die Situation gerät außer Kontrolle, wenn immer mehr Personen gewillt sind, das Opfer zu ärgern. So können negative Handlungen nach und nach zur »Gewohnheit« werden. Bezeichnend für die Opfer ist eine gewisse Unterlegenheit; sie können sich nicht oder nur unzureichend wehren. Außerdem sind sie oft einer zahlenmäßigen Überlegenheit der Täter ausgesetzt.

Mobbing gibt es überall dort, wo Gruppen von Menschen über längere Zeiträume zusammen lernen und arbeiten und wo die Flucht aus der belastenden Situation in der Regel kurzfristig nicht möglich ist. Die wichtigsten Merkmale von Mobbing sind: Erniedrigung, das Auslösen von Schamgefühlen beim Opfer, das aus Angst schweigt, hilflos und isoliert ist. Die Täter schikanieren ihre Opfer, sie zeigen kein Mitgefühl und haben meist ein hohes Aggressionspotenzial. Sie kennen die Konsequenzen ihrer Handlungen, sind in der Gruppe gefürchtet, zuweilen aber sogar beliebt.

M4 Übungen

Übung 1: Mein Team

Der Mensch als soziales Wesen braucht den anderen Menschen und die Gemeinschaft zur Entwicklung seiner potenziellen Möglichkeiten. Dieser Satz stimmt auch für das Erwachsenenleben. Das Bedürfnis nach Anerkennung und Akzeptanz begleitet uns ein Leben lang. Das gilt für jeden Menschen, auch wenn sich Menschen in der Stärke dieses Bedürfnisses unterscheiden. Je länger jedoch z. B. das Grundbedürfnis »Anerkennung« nicht befriedigt werden kann, desto vielfältiger werden die Aktionen sein, die eine Person unternimmt, um wenigstens ein wenig Anerkennung zu erhalten, und sie/er wird sich eine Gruppe bzw. eine Bezugsperson suchen, die sie ihm gewährt.

Ein gesundes Arbeitsklima kann nur dann in einer Organisation entstehen, wenn ein sich gegenseitig wertschätzender und die Stärken jedes Gruppenmitgliedes achtender und anerkennender Umgang miteinander praktiziert wird. Antonovsky hat sich darüber Gedanken gemacht, ob es Sinn macht, von einem »Gruppen-SOC« zu sprechen, also von einem Kohärenzgefühl der Gruppe (Antonovsky 1997, 154ff.). Auch wenn er diese Frage noch nicht endgültig beantworten konnte und es bis heute zu wenige Untersuchungen dazu gibt, ist davon auszugehen, dass in einem Unternehmen mit gesundem Arbeitsklima auch die Ergebnisse besser sind. Das ist auch in einer kleineren Gruppe von Erzieherinnen, in einem sozialpädagogischen Team oder einem Lehrerkollegium der Fall. Darüber sollen Sie mit Hilfe der folgenden Übungen nachdenken.

📖 *Aufgabe: Arbeitsatmosphäre in meinem Team*
Gesundheit und soziales Wohlbefinden sind in großem Maße davon abhängig, ob wir uns sozial akzeptiert und anerkannt fühlen.
✏ In der Tabelle (M4 AB 1) finden Sie einige Aussagen, die die Atmosphäre in einem Team kennzeichnen können. Gehen Sie jede Aussage durch und überlegen Sie, ob sie auch für Ihr Team zutrifft. Wenn ja, bitte ein Kreuz machen. Welche weiteren Aussagen zur Arbeitsatmosphäre fallen Ihnen noch ein? Ergänzen Sie!

📖 *Aufgabe: Du bist …*
Wie gut kennen Sie Ihre Kolleginnen und Kollegen? Kontrollieren Sie das mit der folgenden Übung.
✏ In einer Liste (M4 AB 2) tragen Sie untereinander die Namen Ihrer Kollegen ein. Neben jeden Namen schreiben Sie dann die Stärken dieser Person oder was Sie besonders gut an ihr/ihm finden.

Es wäre sicherlich gut, wenn es eine Gelegenheit gäbe, den Kollegen und Kolleginnen diese Erkenntnisse mitzuteilen. Jede/jeder bekäme auf diese Weise persönliche Rückmeldungen von jeder/jedem. Überlegen Sie sich gemeinsam mit den anderen, wie das am besten gehandhabt werden könnte.

Sie werden erstaunt sein, welche positive Wirkung diese Übung hat.

Übung 2: Zugehörigkeit als Erziehungsziel

Eltern denken schon sehr früh an die Zukunft ihres Kindes, denn es soll ihm einmal »besser gehen als …«. Oft verbinden Eltern die Erfüllung eigener unerfüllt gebliebener Wünsche mit den Vorstellungen über die Zukunft ihres Kindes. Auf jeden Fall wollen sie »das Beste« für ihr Kind. Was aber beeinflusst unsere Erziehungsziele? Warum möchte der Vater z. B. so gern einen Fußballer aus seinem Sohn machen?

Wie wichtig ist es Ihnen, das Bedürfnis von Zugehörigkeitsgefühl bei Kindern zu befriedigen? Welche Erziehungsziele verbinden Sie damit? Denken Sie darüber nach!

💡 *Reflexion: Welche Erziehungsziele haben wir?*
Denken Sie über Ihre Erziehungsziele nach. Was möchten Sie gern bei Ihrem eigenen Kind erreichen? Oder, was denken Sie über Eltern, was wollen Eltern bei ihrem Kind erreichen? Welches Bild haben Eltern von ihrem Kind als erwachsener Mensch?

Notieren Sie sich alles, was Ihnen dazu einfällt.

_____

_____

_____

📖 *Aufgabe: Unsere Erziehungsziele sind …*
Diskutieren Sie mit Ihren Kollegen und Kolleginnen oder auch mit Eltern Ihre Notizen zu den Erziehungszielen. Was fällt Ihnen auf?
Hier ein paar Thesen. Kontrollieren Sie, ob das mit Ihren Notizen übereinstimmt.
- Unsere Erziehungsziele sind gesellschaftlich geprägt.
- Unsere Erziehungsziele sind kulturell geprägt.
- Unsere Erziehungsziele haben familiäre Tradition.
- Mein Erziehungsziel hat auch viel mit mir selbst zu tun.

Ein Beispiel aus den Forschungen von Heidi Keller, Professorin in Osnabrück: Sie hat die Frage danach, was unsere Erziehungsvorstellungen und -ziele bestimmt, in unterschiedlichen Kulturen untersucht. Sie fand frappierende Unterschiede.
Während sich z. B. die westliche Mittelschichtfamilie an dem kulturellen Modell der Autonomie orientiert, ist die afrikanische Nso–Bauernfamilie (die Nso gehören zu einem der vielen ethnischen Stämme Kameruns) an dem kulturellen Modell der Gruppenzugehörigkeit orientiert. Als Zeichen von Kompetenz gilt in der westlichen Familie die Selbstbestimmtheit, in der afrikanischen Familie das Sich-persönlich-Zurücknehmen und Anpassen an die kollektiven Werte und Normen (Keller 2011). Die afrikanischen Familien ihrer Untersuchung erziehen das Kind in erster Linie zum WIR, die westliche (also auch deutsche) Familie zum ICH.
Sie können sehen, dass das Ziel »Selbstverwirklichung« in der einen (uns eher vertrauten) Kultur dem Ziel »Gruppenstärkung« in der anderen (uns eher fremden) Kultur gegenübersteht.

Übung 3: Zugehörigkeit in Kindergarten und Schule

Wie stark das soziale Wohlbefinden in der Schule vom Umgang und Verhalten der Mitschüler beeinflusst werden kann, zeigte eine Untersuchung von Petillon (1993). In einer Studie zum Sozialleben bei Schulanfängern ließ er 250 Kinder Geschichten erzählen zu Situationen, in denen sie traurig oder ärgerlich waren und Angst hatten. Er fand heraus, dass Erfahrungen von Ausschluss, Bedrohung,

Auslachen, Erschrecken und Gewalt häufig in den Berichten über Traurigkeit und Angst vorkamen und dass sie gleichzeitig das Gefühl von Ausgeschlossensein und Hilflosigkeit bewirkten. Diese Erfahrungen sind nicht nur gefährlich für das Zugehörigkeitsgefühl, sondern können auch verheerende Wirkungen auf das Selbstwertgefühl haben. Der Zusammenhang dieser beiden Gesundheitsressourcen ist offensichtlich sehr stark.

Anwendung: Ein Praxisbeispiel
Sie möchten sich gerade mit einer Kollegin über ein Problem austauschen, als zwei Mädchen angerannt kommen und sich darüber beschweren, dass ein paar Jungen sie geärgert hätten. Sie stört es, dass Sie bei Ihrem Gespräch unterbrochen werden. Als Sie bemerken, dass unter den Jungen mal wieder einer ist, der schon häufig als »Unruhestifter« aufgefallen ist, ermahnen Sie ihn.
    Analysieren Sie dieses Beispiel. Nutzen Sie dabei die folgenden Fragen:
- Wie ist die Situation zu beschreiben?
- Was haben die Mädchen getan und warum?
- Was haben Sie getan und welche Folgen kann das haben?
- Wie wird es dem vermeintlichen »Unruhestifter« ergehen?

Schauen Sie sich nun noch einmal die Definition von Zugehörigkeitsgefühl an. Welche Lösung schlagen Sie für die geschilderte Situation vor, um das Erleben von Angenommensein und Dazugehören gewährleisten zu können – und zwar für alle beteiligten Kinder?

Übung 4: Verhalten bei Mobbing

Aufgabe: Unterschiede zwischen Konflikt und Mobbing
Was unterscheidet die Konfliktsituation von der Mobbingsituation?
Beschreiben Sie die wichtigsten Unterschiede mithilfe von M4 AB 3. Sie können auch eine Situation, die Sie selbst erlebt haben oder die Ihnen erzählt wurde, beschreiben.

Aufgabe: Handlungsmöglichkeiten
Es ist oft schwierig, die eigene Rolle in Mobbing-Prozessen zu erkennen. Auch wenn Sie selbst nicht Opfer oder Täter sind, sind Sie auf irgendeine Art beteiligt, wenn Sie zu dieser Gruppe gehören. Vielleicht sind Sie nur Zuschauer? Oder finden Sie es »gar nicht schlimm, dass Paula wegen ihres komischen Verhaltens öfter mal ausgelacht wird«? Auch wenn Sie als Erzieherin oder Lehrerin außerhalb des Geschehens in der Kindergruppe zu stehen meinen, sind Sie »Beteiligte«, und dass umso mehr, wenn Sie nichts gegen Mobbing unternehmen.

Überlegen Sie, was Sie tun können! Notieren Sie Ihre Ideen in ✐ M4 AB 3. Anschließend versuchen Sie, die Vorschläge in eine Rangordnung zu bringen (Platzziffern vergeben). Was müsste sofort bzw. unbedingt getan werden? Was an zweiter Stelle? Fahren Sie fort in Ihren Überlegungen.

Im Anhang, A4, haben wir die wichtigsten Maßnahmen zusammengestellt. Sie können Ihre Ideen damit vergleichen.

M4 Zusammenfassung und Aufgaben zur Wiederholung

Das Zugehörigkeitsgefühl gehört ebenso wie das Selbstwertgefühl zu den personalen Gesundheitsressourcen und bestimmt wesentlich das Wohlbefinden. Lösen Sie die folgenden Aufgaben:
- Fassen Sie noch einmal zusammen, welche Erfahrungen Heranwachsende machen müssen, um das Gefühl von Zugehörigkeit entwickeln zu können.
- Welche Erkenntnis leiten Sie aus dem in diesem Modul Erarbeiteten für Ihr Kollegium/für Ihr Arbeitsteam ab?
- Welche Bedeutung hat das Zugehörigkeitsgefühl für die Herausbildung eines starken Kohärenzgefühls? Erklären Sie es bezüglich der drei Komponenten des SOC.

Füllen Sie den Fragebogen zur (Selbst-)Evaluation aus (Anhang, A1).

M4 Zusammenfassung und Aufgaben zur Wiederholung

✏️ *M4 AB 1: Arbeitsatmosphäre*

Aussagen	Mein Team
Wir sprechen Probleme offen an.	
Wir sagen es direkt und nur dann, wenn die Person dabei ist.	
Wir freuen uns über die Erfolge jedes Teammitglieds.	
Wir achten auf unsere Gesundheit.	
Wir helfen uns gegenseitig.	
Die Leiterin/der Leiter hat das Vertrauen der Mitarbeiter/-innen.	
Gegenüber den Eltern treten wir geschlossen auf.	
Wir sind ehrlich zueinander.	
Wir lassen Gefühle zu und erkennen sie auch bei den anderen.	
Unsere Teamberatungen sind sachlich und hilfreich.	
Bei uns wird viel gelacht.	

✎ M4 AB 2: Du bist …

Name	Stärken	Was mir an dir gefällt

✏ M4 AB 3: Konflikt vs. Mobbing

Konfliktsituation	Mobbingsituation

Ich könnte / müsste

Modul 5: Die Gesundheitsressource
Emotionale Intelligenz

M5 Ablauf

Ziele	Verlauf	Methodisch-didaktische Umsetzung	Material
Einführung in die emotionale Intelligenz	*Diskussion* Was ist emotionale Intelligenz? Welche Bedeutung hat sie als Gesundheitsressource?	Vortrag, Lektüre und Diskussion Sammeln der Erwartungen und Vorerfahrungen	M5 Theorie Flipchart
Den eigenen Körper kennenlernen, Entspannungsverfahren erproben, eigene Gefühle erkunden	*Übung 1:* Emotionen wahrnehmen	*Entspannungsübungen*: Mein Körper (Atem spüren, Ruhe hören, An- und Entspannung fühlen) *Anwendung*: Anregung für päd. Führungskräfte *Reflexion*: Mein Tagesablauf *Aufgabe*: Übungen zusammenstellen *Aufgabe*: Gefühle erkennen *Reflexion*: Gedanken und Gefühle bei Konflikten	Schreibpapier M5 AB 1 M5 AB 2
Selbsteinschätzung	*Übung 2*: Selbsteinschätzung der emotionalen Intelligenz	*Reflexion*: Meine emotionale Intelligenz *Aufgabe*: Was mir dazu noch einfällt	M5 AB 3
Erproben von Möglichkeiten, die eigenen Gefühle auszudrücken	*Übung 3*: Emotionen ausdrücken	*Aufgabe*: Du-und Ich-Botschaften *Aufgabe*: Beobachtung der Botschaften im Team	M5 AB 4 Stifte
Nachdenken über Möglichkeiten der Emotionsregulierung	*Übung 4*: Emotionen regulieren	*Reflexion*: Selbsteinschätzung der Fähigkeit zur Emotionsregulierung *Rollenspiel*. Außenseiter	M5 AB 5 Handbuch
Abschlussrunde	Zusammenfassung und Aufgaben zur Wiederholung	Wiederholung, Gruppen- und/oder individuelle Auswertung	Fragebogen Anhang, A1

M5 Lernziele

In diesem Modul werden Gefühle thematisiert und die emotionale Intelligenz als Gesundheitsressource eingeführt. Die Teilnehmer/-innen reflektieren über den Umgang mit sich selbst, mit ihrem Körper und ihren Gefühlen. Sie üben das Wahrnehmen und Ausdrücken von Gefühlen, das Akzeptieren und Fördern der Gefühle anderer Menschen bzw. der ihnen anvertrauten Kinder und Jugendlichen. Es werden Bedingungen, die für die Entstehung und Stärkung dieser Gesundheitsressource in der Familie, im Kindergarten und in der Schule notwendig sind, analysiert.

M5 Theorie

Der Begriff »Emotionale Intelligenz« ist sehr jung; Er wurde von den Psychologen Peter Salovey und John D. Mayer erstmals 1990 vorgestellt und folgendermaßen definiert: »Emotional intelligence is a subset of social intelligence that involves the ability to monitor one's own and other's emotions, to discriminate among them, and to use this information to guide one's own thinking and actions« (Salovey u. Mayer 1990, S. 189). Die Resonanz auf diesen neuen Begriff, der sich stark an der sozialen Intelligenz orientierte und der sich von der kognitiven Intelligenz unterscheiden sollte, war zunächst gering.

Im Jahr 1995 erschien dann aber das Buch *Emotional Intelligence* von Daniel Goleman. Es war ein eher populärwissenschaftliches Buch, wurde schnell zu einem Bestseller und in viele Sprachen übersetzt (dt. 1995: *Emotionale Intelligenz*).

Emotionale Intelligenz ist die Fähigkeit des Menschen, Emotionen wahrzunehmen, zu bewerten und auszudrücken. Es ist die Fähigkeit, Zugang zu seinen eigenen Gefühlen zu haben bzw. zu den Gefühlen anderer Menschen, die Emotionen zu verstehen und sie regulieren zu können.

Wir wissen viel über die kognitive Intelligenz, sie gehört zu den am besten untersuchten und vielfach interpretierten Eigenschaften des Menschen. Es gibt eine Reihe von Messinstrumenten, um herauszufinden, wie intelligent jemand ist bzw. welchen Intelligenzquotienten (IQ) er hat (vgl. Testkatalog 2010/2011, S. 35–67).

Inzwischen wurden auch Verfahren entwickelt, um die emotionale Intelligenz aus Selbst- und Fremdsicht zu messen. Dazu gehören der *Fragebogen zur emotionalen Bewusstheit* von Steiner und Perry (1997) sowie der *Emotionale-Kompetenz-Fragebogen* von Rindermann (2009).

Es wird angenommen, dass emotional intelligente Personen in bestimmten Bereichen besonders geschickt sind. Sie können:

- die eigenen Emotionen wahrnehmen und verstehen,
- mit den eigenen Gefühlen bewusst umgehen,
- ihre Emotionen produktiv nutzen und sie zur Lösung von Problemen verwenden,
- die Emotionen anderer erkennen und mit Empathie darauf reagieren,
- Konflikte gut lösen, Beziehungen harmonisch gestalten und kooperativ agieren (Goleman 1997, S. 355f.).

Die Erfinder und Verfechter der emotionalen Intelligenz vertreten den Standpunkt, dass ihre Komponenten erworbene und erlernte Fähigkeiten seien. Wer diese besitze, habe Vorteile in vielen Lebensbereichen, z. B. in der Schule, im Beruf sowie in allen sozialen Beziehungen.

Unabhängig davon, ob der neue Begriff »Emotionale Intelligenz« notwendig war oder nicht, können wir davon ausgehen, dass soziale Kompetenzen – und zu denen gehört auch der Umgang mit den eigenen Gefühlen und mit den Gefühlen anderer – eine bedeutsame Gesundheitsressource ist. Das soll im Folgenden etwas genauer untersucht werden.

M5 Übungen

Übung 1: Emotionen wahrnehmen

Selbstwahrnehmung ist die Voraussetzung für die Einsicht in die eigenen Verhaltensmuster und für bewusstes Handeln. Je besser ein Mensch seine Gefühle, Denkmuster, Assoziationen und Impulse wahrnimmt und versteht, umso weniger ist er ihnen ausgeliefert (Goleman 1997). Menschen, die diese Kompetenz besitzen, kennen sich selbst und können sich daher auch realistisch einschätzen.

Eine besondere Form der Selbstwahrnehmung ist die innere Achtsamkeit, ein Zustand, in dem die Aufmerksamkeit nach innen gerichtet ist und das Wahrgenommene registriert wird, ohne es bewerten oder verändern zu wollen.

Achtsamkeit bedeutet, bewusst das wahrzunehmen, was aktuell passiert oder vorhanden ist. Bei innerer Achtsamkeit werden Körperempfindungen, Gefühle, Stimmungen, Gedanken und innere Bilder beobachtet. Eine auf Achtsamkeit beruhende Selbstwahrnehmung bedeutet aber auch, sich selbst anzunehmen und zu akzeptieren.

In der ersten Übung geht es um die Achtsamkeit für den eigenen Körper. Häufig überhören wir die Alarmsignale unseres Körpers oder wir wollen sie nicht hören: Der schmerzende Nacken nach zwei Arbeitsstunden am Computer wird ignoriert und es wird weitergearbeitet. Die schmerzenden Ohren beim

Rockkonzert werden ausgehalten, denn Oropax wäre nicht cool und Weggehen kommt auch nicht in Frage. Die immanente Müdigkeit wird mit Aufputschmitteln bekämpft.

Probieren Sie die folgenden kleinen Übungen aus. Wenn Sie merken, dass das nicht schwer ist und tatsächlich hilft, die Aufmerksamkeit auf sich selbst und die Empfindungen, die Ihr Körper rückmeldet, zu konzentrieren, dann tun Sie das öfter. Vor allem tun Sie es immer dann, wenn Ihr Körper das Signal »Mir geht es schlecht« sendet.

Entspannungsübungen (Anhang, A5 und A6)

Anwendung: Anregung für pädagogische Führungskräfte
Sind Sie Leiterin einer Schule oder eines Kindergartens? Bei den Beratungen im Team geht es sicherlich öfter »heiß« her. Probieren Sie doch einmal Folgendes aus:

Sie unterbrechen die Diskussion und bitten alle, sich ganz bequem hinzusetzen und die Augen zu schließen. Wer das nicht kann oder will, darf sich natürlich auch auf einen Punkt am Boden konzentrieren. Es ist nur wichtig, dass jeder bei sich bleibt und nicht die anderen beobachtet.

Nun führen Sie mit der Gruppe die Entspannungsübungen, die Sie bereits kennen, durch. Das muss zunächst nicht länger als fünf Minuten dauern. Danach holen Sie die Gruppe wieder in die Realität zurück und fahren mit der Diskussion fort. Hier ein Vorschlag für das Zurückholen:

Und nun öffnet wieder eure Augen, steht einmal kurz auf, schüttelt die Arme und Beine aus, setzt euch wieder hin und schaut euch um. Lächelt doch einfach mal die anderen an … Danke, dass ihr das mitgemacht habt. Es war vielleicht etwas ungewöhnlich, aber wir sollten auch ab und zu etwas Neues ausprobieren, denke ich. Machen wir nun weiter. Wo waren wir stehen geblieben?

Reflexion: Mein Tagesablauf
Der bewusste Umgang mit dem eigenen Körper kann dabei helfen, die eigenen Bedürfnisse wahrzunehmen. Jeder Mensch hat andere Bedürfnisse und Motive für Bewegung und Körperarbeit, denn jeder hat seine konkrete Lebens- und Arbeitssituation. Für Menschen mit überwiegend sitzenden Tätigkeiten ist es wichtig, dass sie sich zum Ausgleich aktiv bewegen. Hingegen kann es bei körperlich und geistig anstrengenden Tätigkeiten von Vorteil sein, Entspannung und Ruhe zu finden. Finden Sie zunächst die eigenen Bedürfnisse in Bezug auf Aktivität oder Ruhe heraus. Dazu lassen Sie sich Ihren Tagesablauf durch den Kopf gehen. Wie sind Aktivität und Ruhe in Ihrem Alltag verteilt?

Beginnen Sie beim Aufstehen, wenn der Wecker klingelt. Anschließend gehen Sie in Ihrer Vorstellung beispielsweise ins Bad, frühstücken, fahren zur Arbeit, kümmern sich um den Haushalt, treffen Bekannte ... Achten Sie immer darauf, ob Sie dabei entspannt oder sehr aktiv sind.

✐ Tragen Sie den Ablauf Ihres Tages in die Tabelle (M5 AB 1) ein.

📖 *Aufgabe: Übungen zusammenstellen*
Stellen Sie gemeinsam mit Ihrer Familie, Ihren Freunden oder Ihrem Arbeitsteam Übungen zusammen, mit deren Hilfe Sie entweder zu mehr Aktivität oder mehr Entspannung gelangen können. Sportarten, die einen festen Übungsort benötigen, sind häufig mit hohem Zeitaufwand verbunden und können dadurch schnell ein Hindernis darstellen. Konzentrieren Sie sich deshalb auf Bewegungen, die Menschen im Alltag überwiegend tun.

📖 *Aufgabe: Gefühle erkennen*
Das Arbeitsblatt M5 AB 2 ist eine Übung für Kinder. Es stellt Kinder mit unterschiedlicher Mimik und Gestik dar. Die Aufgabe besteht darin zu erkennen, wie sich die Kinder auf dem Bild fühlen, und dieses Gefühl unter dem jeweiligen Bild zu notieren, z. B. »wütend«, »traurig« etc.

✐ Probieren Sie es doch bitte selbst einmal aus. Vielleicht werden die Ergebnisse unterschiedlich ausfallen. Das verdeutlicht, wie schwer es sein kann, die Gefühle von anderen richtig einschätzen zu können, wenn man nicht darüber spricht, und wie vielfältig die Interpretationen von Gefühlsausdrücken sein können.

💡 *Reflexion: Gedanken und Gefühle bei Konflikten*
Um Störungen in zwischenmenschlichen Beziehungen zu vermeiden, ist es wichtig, die Gefühle unserer Mitmenschen zu erkennen und sie zu verstehen. Diese Fähigkeit wird als *Empathie* bezeichnet. Es ist außerdem wichtig, sich in andere hineinversetzen zu können, deren Gefühle zu akzeptieren und *Mitgefühl* zu haben. Wenn Jugendliche einen anderen Menschen brutal zusammenschlagen, wenn sie weiter zutreten, auch wenn er bereits bewusstlos am Boden liegt, dann scheinen diese Fähigkeiten nicht vorhanden zu sein. Empathie und Mitgefühl – wichtige Kompetenzen der emotionalen Intelligenz – müssen erlernt werden. Das ist eine nicht leicht zu erfüllende pädagogische Aufgabe.

Die Schwierigkeit, Gefühle bei unseren Mitmenschen zu erkennen, wird besonders in Streitsituationen deutlich, weil bei Konflikten Emotionen stark beteiligt sind, die Wahrnehmung auf Grund der emotionalen Beteiligung aber gehemmt ist. Wer wütend ist, übersieht möglicherweise die Angst seines Gegenübers.

✐ Erinnern Sie sich an eine Auseinandersetzung, die Sie vor kurzem erlebt haben? Schreiben Sie auf, worum es dabei ging (M5 AB 3). Notieren Sie anschließend, welche Gedanken und Gefühle Sie dabei hatten.

Übung 2: Selbsteinschätzung der emotionalen Intelligenz

♀ Reflexion: Meine emotionale Intelligenz

Im Folgenden finden Sie ausgewählte Aussagen aus dem »Fragebogen zur emotionalen Bewusstheit« von Steiner u. Perry (1997, S. 45–52). Versuchen Sie bitte, sich damit selbst einzuschätzen. Schreiben Sie sich alle Aussagen heraus, die für Sie zutreffen.

Ich habe bemerkt, dass ich manchmal, wenn ich mit einem sehr emotionsstarken Menschen zusammen bin, erstaunlich ruhig und gefühllos bin.		
ja	nein	unsicher
Ich leide manchmal, wenn ich mit Leuten zusammen bin, unter Herzklopfen, Magenkrämpfen, trockenem Hals, Kribbeln oder Atemnot, ohne dass ich sagen könnte, warum.		
ja	nein	unsicher
Manchmal werde ich von Gefühlen überwältigt, die ich nicht verstehe und die mich durcheinander bringen		
ja	nein	unsicher
Eine oder mehrere der folgenden Empfindungen verspüre ich bisweilen: Ärger, leichte Irritation bis hin zu Wut.		
ja	nein	unsicher
Meistens kann ich ziemlich genau sagen, was mein Gegenüber gerade empfindet: etwa Angst, Glück, Trauer, Hoffnung oder Ärger.		
ja	nein	unsicher
Manchmal, nach einer belastenden Erfahrung mit einem anderen Menschen, fühlen sich Teile meines Körpers wie taub an.		
ja	nein	unsicher
Ich weiß, dass mich starke Gefühle umtreiben, kann aber nicht mit anderen darüber reden.		
ja	nein	unsicher
Ich werde von anderen Menschen geschätzt, weil ich weiß, wie man emotional aufgeladene Situationen abkühlt.		
ja	nein	unsicher

📖 Aufgabe: Was mir dazu noch einfällt

Schauen Sie sich die Aussagen, die auf Ihrem Blatt stehen, nun in Ruhe an. Was fällt Ihnen zu jeder einzelnen Aussage noch ein? Wenn Sie z. B. die letzte Aussage »Ich werde von anderen Menschen geschätzt, weil ich weiß, wie man emotional aufgeladene Situationen abkühlt« für sich ausgewählt haben, dann überlegen Sie jetzt bitte, wie es Ihnen gelingt, schwierige Situationen »abzukühlen«. Welche Menschen schätzen diese Fähigkeit an Ihnen?

Übung 3: Emotionen ausdrücken

In unserer eher rational ausgerichteten Kultur ist es nicht üblich, seine Gefühle zu zeigen. Wir denken häufig, dass Menschen, die ihre Gefühle offenbaren, schwach sind, dass sie sich nicht beherrschen können und dass sie wegen dieser »Schwäche« z. B. für Führungsaufgaben nicht geeignet wären. Frauen wird nachgesagt, dass sie »zu dicht am Wasser gebaut« hätten, darum seien sie sowieso nicht für Führungsaufgaben geeignet. Die, die es schaffen, müssen es gelernt haben, »gefühlsstark« zu sein, sich durchzusetzen, zurückzuschlagen, sich im Griff zu haben usw.

Statt eigene Gefühle auszudrücken, sind wir es eher gewohnt, die anderen zu beurteilen, ihnen etwas zu unterstellen oder ihnen die Schuld an unserem Problem zu geben: »Du siehst gar nicht, was ich alles geleistet habe« »Du kennst mich nicht«, »Du missachtest mich«, »Du hältst mich für unfähig«.

Dabei wäre es viel besser, die eigenen Gefühle wahrzunehmen und mitzuteilen: »Ich fühle mich gerade missverstanden«, »Ich bin sehr überrascht, dass ich einen solchen Eindruck erweckt habe« oder »Mich macht es grade sehr traurig, dass meine Bemühungen nicht bemerkt worden sind.«

📖 *Aufgabe: Du-und Ich-Botschaften*
✒ In der Tabelle (M5 AB 4) sind einige Situationen zusammengestellt, die Ihnen vielleicht bekannt vorkommen, zumindest können Sie sich das vorstellen. Versuchen Sie, die Du-Botschaften in Ich-Botschaften umzuwandeln.

Gefühle sind ein Schlüssel zum gegenseitigen Verstehen – aber nur dann, wenn wir die Gefühle der anderen erkennen und achten. Dazu wiederum ist es notwendig, dass sie offen gezeigt werden, dass sie nicht geleugnet oder übergangen werden. Wie wichtig das für das Miteinander in einem Arbeitsteam ist, können Sie bei der Ausführung der folgenden Aufgabe selbst überprüfen.

📖 *Aufgabe: Beobachtung der Botschaften in unserem Team*
Wir schlagen Ihnen vor, die Mitteilungen, die Sie von Ihren Kolleginnen und Kollegen erhalten, bewusst aufzunehmen und sich zu notieren.

Wenn Sie sich diese Sammlung am Ende der Woche anschauen, werden Sie sicherlich überrascht sein, wie wenig Ich-Botschaften dabei sind. Wahrscheinlich gibt es auch kaum Äußerungen über Gefühle.

Machen Sie das Ergebnis zum Inhalt eines Gesprächs, einer Teambesprechung, einer Supervision oder Ähnlichem.

Versuchen Sie, die Du-Botschaften in Ich-Botschaften zu verwandeln und dabei zu erkennen, worum es Ihren Kollegen und Kolleginnen eigentlich geht.

Übung 4: Emotionen regulieren

Emotionen regulieren können, bedeutet nicht, dass Sie Ihre Gefühle nicht zeigen dürfen. Wenn Sie immer nur lächeln oder so tun, als ob es sie nicht ärgert, wenn sie beispielsweise belogen werden – dann sind Sie »unecht«. Es wäre vorteilhaft, wenn wir uns unserer Gefühle bewusst wären und sie manchmal auch ganz bewusst einsetzen könnten. Oder dass wir dann, wenn die Gefühle wieder mal »mit uns durchgegangen« sind, im Nachhinein etwas regulieren können. Dazu gehören Mut und Charakterstärke und auch etwas Übung.

Sicherlich haben es Menschen unterschiedlich schwer, ihre Gefühle zu regulieren. Cholerisch veranlagte Menschen geraten schnell in Rage, ihre Gefühle überrollen sie und sie sagen in dieser Erregung Unbedachtes, verletzen andere und geraten dadurch in Bedrängnis.

Sich über die eigenen Fähigkeiten zur Emotionsregulierung klar zu werden, ist wichtig für das eigene Wohlbefinden. Reflektieren Sie im Folgenden diese Fähigkeiten.

Reflexion: Wie schätzen Sie Ihre Fähigkeit zur Emotionsregulierung ein?
- Ich sage immer, was ich denke.
- Wenn ich mich ärgere, dann zeige ich das auch deutlich.
- Wenn ich beleidigt werde, dann zahle ich das mit Gleichem heim.
- Wenn ich wütend bin, dann kann es passieren, dass ich auch mal zuschlage.
- Ich sage nie, was ich denke.
- Ich lasse mich möglichst nicht auf einen Streit ein.
- Wenn jemand mit mir streiten will, dann gehe ich weg.
- Mir kann keiner ansehen, ob ich fröhlich oder traurig, wütend oder ängstlich bin.
- Ich bemühe mich sehr, meine Gefühle zu verstecken.
- Bei einem traurigen Film kommen mir die Tränen.
- Wenn ich weinen muss, dann schäme ich mich.
- Mir macht es nichts aus, dass andere sehen, wie traurig ich bin.

Kreuzen Sie die Aussagen an, mit denen Sie sich identifizieren könnten. Ergänzen Sie, was Ihnen noch zu Ihrer Emotionsregulierung einfällt.

Rollenspiel: Außenseiter
Die Übung ist für Ihre pädagogische Praxis gedacht. Sie können mit einer Gruppe von Kindern dieses *Rollenspiel* probieren. Wichtig ist, dass jedes Kind einmal in die Rolle des Kindes, das nicht mitspielen darf, schlüpfen kann. Es ist gut, dieses Gefühl wenigstens in einem Rollenspiel einmal zu erleben. Dieses

Spiel fördert die Entwicklung von Empathie und zeigt Wege zur Regulierung von Gefühlen.

✏ Die Kinder sollen nach jedem Spiel beschreiben, wie sie sich in der jeweiligen Rolle gefühlt haben (M5 AB 5).

Hinweis für Führungskräfte:
Das kann natürlich auch in einer Gruppe von Erwachsenen – mit etwas anderem Inhalt – gespielt werden. Erinnern Sie sich an das Modul 4! Mobbing ist genau solch eine Ausgrenzungssituation.

M5 Zusammenfassung und Aufgaben zur Wiederholung

Emotionen sind – ob bewusst oder unbewusst – an allem, was wir tun, beteiligt. Beantworten Sie in diesem Zusammenhang die folgenden Fragen:
- Wann können wir eine Person als emotional intelligent bezeichnen?
- Wie schätzen Sie die Bedeutung der emotionalen Intelligenz im Rahmen Ihrer pädagogischen Tätigkeit ein?
- Wie können Sie die emotionale Intelligenz bei Kindern und Jugendlichen entwickeln und fördern?

Füllen Sie den Fragebogen zur (Selbst-)Evaluation aus (Anhang, A1).

M5 AB 1: Tagesablauf

Uhrzeit	Aktivität	Ruhe
6:00	Frühsport, Tasche packen ….	Duschen, Kaffee trinken, Radio hören …

✏ M5 AB 2: *Gefühle ausdrücken*

Quelle: Krause u. a. 2000, S. 66

M5 Zusammenfassung und Aufgaben zur Wiederholung

✎ M5 AB 3: eine Auseinandersetzung

Die Situation:

Meine Gedanken

Meine Gefühle

✏ M5 AB 4: Du- und Ich-Botschaften

Situation	Du-Botschaft	Ich-Botschaft
Ihr Kind möchte ein neues Gerät ausprobieren, das Sie gerade erst angeschafft haben.	Das geht nicht, dafür bist du zu klein.	
Sie haben Ihr Kind schon mehrmals aufgefordert, sein Zimmer aufzuräumen.	Jetzt reicht es mir aber, sei nicht so faul und räume endlich auf!	
Sie unterhalten sich mit einem anderen Erwachsenen, und Ihr Kind spielt sehr laut.	Sei doch mal still, du sollst nicht immer so laut schreien!	
Ihr Kind scheint ewig für die Hausaufgaben zu brauchen.	Du bist aber auch langsam, nun strenge dich endlich mal an!	
Ihr Kind spielt im Garten mit dem Ball.	Pass doch auf, du machst die ganzen Beete kaputt!	
Sie lesen gerade Zeitung und Ihr Kind kommt immer wieder, um Sie etwas zu fragen.	Du bist eine Nervensäge, du sollst andere nicht beim Lesen stören!	
Beim Mittagessen stochert das Kind lustlos im Essen herum und redet dabei dauernd.	Iss doch endlich und hör auf zu reden!	
Sie erwarten Gäste und der Tisch ist vorbereitet. Ihr Kind gießt sich ein Glas Saft ein und verschüttet alles.	Kannst du nicht aufpassen?! Jetzt schau, was du Tollpatsch angerichtet hast!	

Quelle: Krause 2008, S. 51

M5 Zusammenfassung und Aufgaben zur Wiederholung

M5 AB 5: Außenseiter

Spiele diese Situation mit deiner Gruppe nach. Jeder soll dabei einmal das Kind sein, das nicht mitspielen darf.

Wie ich mich gefühlt habe, als ich …

… mitspielen durfte: _____

_____

_____

… nicht mitspielen durfte: _____

_____

_____

Quelle: Krause u. a. 2000, S. 36

Modul 6: Die Gesundheitsressource
Kommunikationskompetenz

M6 Ablauf

Ziele	Verlauf	Methodisch-didaktische Umsetzung	Material
Einführung in das Thema Kommunikation	Grundlagen der Kommunikation (Begriffe, Elemente)	*Vortrag, Lektüre und Diskussion* Was wissen wir über Kommunikation? Sammeln der Erfahrungen und Erwartungen	M6 Theorie Flipchart
Einführung in das Kommunikationsmodell von Schulz von Thun	*Übung 1*: Das Kommunikationsmodell von Schulz von Thun	*Reflexion*: Die Ebenen und Inhalte ausgewählter Kommunikationssituationen *Aufgabe*: Dekodierung der vier Seiten einer Nachricht	M6 Theorie
Kommunikation im Team betrachten	*Übung 2*: Kommunikation im Team	*Anwendung*: Der Redestab in der Teamsitzung	
Kennenlernen der Kommunikationstypen nach Satir	*Übung 3*: Kommunikationstypen nach Satir	*Reflexion*: Kommunikationssituationen und -typen	M6 Theorie
Kennenlernen und Erproben von Methoden der gewaltfreien Kommunikation	*Übung 4*: Formen gewaltfreier Kommunikation	*Reflexion*: Einsetzen gewaltfreier Kommunikation	M6 Theorie M6 AB 1
Verstehen und Erproben des Modells gewaltfreier Kommunikation (GFK) von Rosenberg	*Übung 5*: Das Modell der GFK im pädagogischen Setting	*Diskussion*: Die GFK in unserer Organisation? *Aufgabe*: GFK in schwierigen pädagogischen Situationen	M6 Theorie M6 AB 2
Abschlussrunde	Zusammenfassung und Aufgaben zur Wiederholung	Wiederholung, Gruppen- und/oder individuelle Auswertung	Fragebogen Anhang, A1

M6 Lernziele

Im Modul 6 soll das Wissen über Kommunikationsprozesse erweitert werden. Zuerst werden unterschiedliche Kommunikationsmodelle vorgestellt, die anschließend in Übungen erprobt und erlebt werden können. Es werden Kommunikationsfähigkeiten und Kommunikationsmuster reflektiert, individuelle und teambezogene Kommunikation betrachtet, Kommunikationstypen vorgestellt und Formen der gewaltfreien Kommunikation geübt.

M6 Theorie

Zum Begriff Kommunikation

Kommunikation (lat. *Mitteilung*) gehört zum Menschsein, weil Menschen als soziale Wesen mit anderen zusammenleben, miteinander sprechen, gemeinsam handeln oder zumindest die von anderen hergestellten Produkte verwenden. Ein Kind braucht seine Eltern oder andere Bezugspersonen, braucht die soziale Gemeinschaft zum Heranwachsen und zur Menschwerdung. Die Mitteilungen, die es erhält, werden beantwortet und erzeugen neue Mitteilungen, die wiederum beantwortet werden usw. Es geht gar nicht anders, als dass Menschen miteinander in Beziehung treten und Mitteilungen austauschen. Watzlawick u. a. (1967) sagen sogar: »Man kann nicht nicht kommunizieren.« Die Autoren setzen Mitteilung mit Verhalten gleich, weil man sich ihrer Meinung nach auch »nicht nicht verhalten« kann.

Kommunikation ist also mehr als das Sprechen von Worten: Wenn die Lehrerin einen Schüler, der sich in ihrem Unterricht meldet, immer wieder übersieht und ihn nicht aufruft, dann ist das selbstverständlich eine Mitteilung. Es ist gut vorstellbar, wie diese beim Empfänger ankommt.

Kommunizieren hat sowohl einen inhaltlichen Aspekt (die Sache, um die es geht) als auch einen beziehungsorientierten (wie wir zueinander stehen). Letzteres wird vorwiegend durch nonverbales Verhalten mitgeteilt und durch körperliche und/oder sprachbegleitende Signale ausgedrückt, z. B. die Körperhaltung, die Distanz, das Zu- oder Abwenden, das Sprechtempo, die Lautstärke.

Für eine gelingende Kommunikation haben sich bestimmte Elemente kommunikationspsychologischer Herangehensweisen als notwendig erwiesen (Rogers 2001). Sie können zu einer positiven Beziehungsgestaltung im pädagogischen Kontext beitragen und sollen deshalb im Folgenden kurz vorgestellt werden:

- *Kongruenz:* Die Kommunikation einer Person sollte in sich schlüssig, authentisch und stimmig sein. Eine kongruente Kommunikation fördert Sicherheit, Vertrauen und Selbstwert, sie ist in Kommunikationsprozessen im pädagogischen Feld besonders wichtig.
- *Empathie:* Diese Fähigkeit macht es möglich, die Gefühle der Mitmenschen zu erkennen und sie zu verstehen. Es handelt sich um ein einfühlendes Ver-

stehen des Anderen, aber auch der eigenen Person (Selbst-Empathie) (vgl. auch Modul 5).
- *Wertschätzung und positive Zuwendung:* Die gegenseitige Wertschätzung, das Wohlwollen und das aktive Zuhören als Zeichen der Zuwendung sind wichtige Aspekte in der Kommunikation.
- *Das bedingungsfreie Akzeptieren:* Gefühle, Gedanken und Bedürfnisse werden angenommen ohne sie zu (be-)werten.

Gelingende Kommunikation beruht auf diesen von der humanistischen Psychologie herausgearbeiteten Grundlagen. Der Kerngedanke ist: Die Person wird in ihrem So-Sein angenommen, und es wird versucht, sie zu verstehen und kongruent auf sie zu reagieren.

Wenn Menschen, die in pädagogischen Kontexten arbeiten, diese Grundlagen der Kommunikation beachten, führt dies meist zu gegenseitigem Vertrauen, zu Transparenz und Wertschätzung. Es hilft beim Aufbau einer positiven Beziehung, was wiederum den pädagogischen Alltag erleichtern kann.

Das Kommunikationsmodell von Friedemann Schulz von Thun
Schulz von Thun (2000) hat in seinem Kommunikationsmodell erklärt, dass eine Person eine Botschaft sendet (Sender) und die andere Person diese Botschaft empfängt (Empfänger). An dieser Interaktion sind vier Aspekte beteiligt. Oftmals passiert es in solch einem Prozess, dass es zu Missverständnissen kommt, da die versendete Botschaft eine andere ist als die, die beim Empfänger ankommt.

Er benennt vier Seiten einer Nachricht:

Ebene	Inhalt	Der Empfänger und die vier Seiten
Sachaspekt	Information, das Thema	Wie ist der Sachverhalt zu verstehen?
Selbstoffenbarung	Bewusste bzw. unbewusste Mitteilung über die eigene Person	Was ist das für eine Person, die redet? Was ist mit ihm/ihr?
Beziehungsaspekt	Beziehung zum Kommunikationspartner gibt der Nachricht die Bedeutung	Wie redet er mit mir? Wen glaubt er vor sich zu haben?
Appellaspekt	Versuch der Einflussnahme	Was soll ich tun, denken, fühlen auf Grund seiner Mitteilung?

Eine Seite der Nachricht bezieht sich auf den Sachinhalt, der die reinen Informationen einer Nachricht enthält. Die Selbstoffenbarung gibt Auskunft über den Sender und über sein aktuelles Befinden. Die Beziehungsseite zeigt, wie der Sender zum Empfänger steht und wie er die Beziehung zwischen den beiden definiert. Mit dem Appell fordert der Sender den Empfänger auf, in der von ihm gewünschten Weise zu denken oder zu handeln. Der Empfänger muss in der Kommunikation die unterschiedlichen Seiten der Nachricht dekodieren. Oftmals kann es auch zu Präferenzen und zu Missverständen seitens des Empfängers kommen, weil die Botschaft in bestimmten Kommunikationszusammenhängen dekodiert wird und jeder Empfänger wiederum mit vier Ohren die Nachricht hört.

Kommunikationstypen nach Virginia Satir
Wie bereits in Modul 3 erläutert, ist das Selbstwertgefühl eine wichtige Ressource für eine gesunde Kommunikation. Personen mit einem niedrigen Selbstwertgefühl hatten in der frühen Kindheit nicht die Möglichkeit, das Gefühl des eigenen Wertes zu entwickeln. Oftmals hat die Beeinträchtigung des Selbstwertes mit einer gestörten Kommunikation in der Familie zu tun. Gleichzeitig ist das Selbstwertgefühl auch ein Indikator dafür, in welcher Art und Weise eine Person mit anderen kommuniziert.

Virginia Satir, die Begründerin der Familienrekonstruktion, unterscheidet vier Kommunikationstypen (Satir 2004).

Kommunikationstyp	Erklärung
Die Beschwichtigerin	Sie tut alles, um Probleme zu vermeiden oder herunterzuspielen und nimmt gern alle Schuld dafür auf sich. Grundwerte sind für sie Harmonie und Beschwichtigung. Dabei wirkt sie unterwürfig und klein.
Der Ankläger	Er ist wachsam und angespannt, korrigiert andere und lobt wenig. Er beantwortet Fragen mit Gegenfragen, hört nicht zu und schreit. Probleme sieht er eher bei den anderen als bei sich selbst.
Der Rationalisierer	Er ist wenig emotional, sehr beherrscht, bemüht sich um Sachlichkeit, wirkt überheblich und abwehrend. Er zeigt nicht gern Gefühle und zieht sich auf rationale Überlegungen zurück.
Die Ablenkerin	Sie schweift gern vom Thema ab, ist nicht fokussiert und redet viel von sich. Mit ihr ist es schwer, eine Sache auf den Punkt zu bringen. Manchmal wirkt sie sogar abwesend.

In Anlehnung an Satir (2004, S. 115ff.)

Nach Virginia Satir ist der *harmonische Kommunikationsstil* der erstrebenswerte. Kinder, die in Familien mit dieser Art der Kommunikation aufwachsen, können einen hohen Selbstwert entwickeln, weil sie erleben, dass Unterschiede anerkannt und gewürdigt werden, Regeln flexibel gehandhabt werden, Liebe ausgedrückt wird, offen und ehrlich kommuniziert und Verantwortlichkeit vorgelebt wird.

Gewaltfreie Kommunikation (GFK) nach Marshall Rosenberg

Der praxisorientierte Ansatz der »Gewaltfreien Kommunikation« (Rosenberg 2001) hat in den letzten Jahren in Deutschland auch im pädagogischen Feld viel Interesse gefunden (Holler 2003; Rosenberg 2003), und es sind mittlerweile sogar die ersten »Gewaltfreien Schulen« entstanden, die das Modell aktiv auf unterschiedlichen Ebenen anwenden.

Ein Qualitätssiegel »Gewaltfreie Schule« wird bereits nach erfolgten Zertifizierungsverfahren an Schulen vergeben (vgl. www.gewaltfreie-schule.com/allgemein.html).

Marshall Rosenbergs (2001) Ansatz lehnt sich an Carl Rogers und Thomas Gordon an. Grundanliegen ist es, die unterschiedlichen Bedürfnisse von Menschen herauszuarbeiten, über die Gefühle zu sprechen und mit Hilfe von Bitten sich schließlich auf eine Lösung zu einigen. Die GFK ist humanistisch orientiert und vertritt einen universalistischen Ansatz, der unter Berücksichtigung bestimmter Aspekte kulturübergreifend umsetzbar ist (Mayer u. Boness 2005).

Die GFK ist ein Vier-Schritte-Modell, welches sich auf Beobachtung, Gefühle, Bedürfnisse und Bitten konzentriert:

- *Beobachtung:* Konkrete Handlung, die ich beobachte: Ich sehe/höre …
- *Gefühl:* Wie fühle ich mich in Verbindung mit dieser Handlung: … und fühle …
- *Bedürfnis:* Bedürfnisse, die Gefühle erzeugen: …weil ich …
- *Bitte:* Konkret bitten, was man braucht, ohne zu fordern: … und ich möchte dich bitten, …

- *Beobachtung:* Es wird beschrieben, was in einer Situation tatsächlich passiert: Was wird gesagt oder getan? Wichtig ist, die Beobachtung ohne Beurteilung oder Bewertung mitzuteilen.
- *Gefühl:* Es wird ausgesprochen, wie sich die Person fühlt, wenn das zu Beobachtende geschieht oder beschrieben wird. Fühlt sie sich verletzt, erschrocken, fröhlich, amüsiert, irritiert?
- *Bedürfnis:* Anschließend wird benannt, welche Bedürfnisse hinter den Gefühlen stehen, und es zeigt sich, welche Bedürfnisse eventuell erfüllt sind oder welche noch erfüllt werden können.
- *Bitte:* Schließlich kann ausgedrückt werden, was erbeten werden soll. Bitten richten sich in der Regel an ein Gegenüber, damit das Bedürfnis befriedigt werden kann. Eine Bitte sollte in ihrer Formulierung konkret und ausführbar sein, damit sie erfüllt und die Erfüllung auch überprüft werden kann. Wenn aber davon ausgegangen wird, dass eine Bitte erfüllt werden *muss*, dann wäre das nach Marshall Rosenberg keine Bitte mehr, sondern eine Forderung.

Das folgende Beispiel verdeutlicht den Vorgang:

Thomas hat jeden zweiten Tag seine Hausaufgaben nicht gemacht. Die Lehrerin weiß gar nicht mehr, was sie machen soll, denn keine disziplinarische Strafe zeigt ihre Wirkung. Sie versucht es mit GFK:

- Beobachtung: Konkrete Handlung, die ich beobachte: *Ich sehe, du hast seit den Sommerferien jeden zweiten Tag deine Hausaufgaben gar nicht gemacht oder nicht fertiggestellt.*
- Gefühl: Wie fühle ich mich in Verbindung mit dieser Handlung: *…und ich bin darüber traurig und auch wütend, …*
- Bedürfnis: Bedürfnisse, die Gefühl erzeugen: *… weil ich dir gern etwas beibringen und dich zur Ordnung erziehen möchte.*
- Bitte: Konkret bitten, was man braucht, ohne zu fordern: *… Ich möchte dich daher bitten, dass du ab morgen regelmäßig deine Hausaufgaben vollständig machst und in den Unterricht mitbringst.*

Wird die Bitte nicht erfüllt, müsste nach diesem Modell empathisch mit der Verweigerung umgegangen werden und wieder mit dem ersten Schritt (Beobachtung) oder mit dem zweiten Schritt (Gefühl) begonnen werden. In diesem Falle sollte die Person, die die Bitte geäußert hat, ihre eigenen Gefühle verbalisieren (z. B. *Ich bin überrascht, dass …*).

M6 Übungen

Übung 1: Das Kommunikationsmodell von Schulz von Thun

Reflexion: Ebenen und Inhalte ausgewählter Kommunikationssituationen
Erinnern Sie sich noch einmal an das Modell von Schulz von Thun.
Reflektieren Sie die vier Ebenen, den Inhalt und die Fragen, die sich der Empfänger einer Botschaft stellen kann. Stellen Sie sich eine alltägliche Situation im pädagogischen Kontext vor und versuchen Sie diese mit Hilfe des Modells zu analysieren und zu interpretieren.

Aufgabe: Dekodierung der vier Seiten einer Nachricht
Dekodieren Sie entweder die eigene Kommunikationssituation, die Sie gerade für sich noch einmal reflektiert haben, oder analysieren Sie das folgende Beispiel einer Kommunikationssituation zwischen einer Erzieherin und einem Vater.
Tragen Sie Ihre Ergebnisse in die Tabelle (M6 AB 1) ein.

Beispiel:
Ein Vater kommt am Nachmittag in den Kindergarten, um sein Kind abzuholen. Die Erzieherin sagt zu ihm: »Johann hat sich heute besonders schlecht benommen. Er hat alle Spiele aus dem Regal gerissen und sie durch das Zimmer geworfen.«

Die Lösung dieser Aufgabe (Entschlüsselung der Nachricht) können Sie im Anhang, A7, finden.

Gerade in der Schule sind Lehrkräfte und Schüler/innen in eine Vielzahl von Interaktionen verstrickt. Jeder hat unterschiedliche Erwartungen, Bedürfnisse, Gefühle, Interessen und Gewohnheiten in Kommunikationssituationen. Dass dabei enttäuschende oder unbefriedigende Erfahrungen gemacht werden, ist kaum vermeidbar. Vor allem Grundschulkinder verfügen noch nicht über die geeigneten Bewältigungsstrategien, um die Widersprüche zwischen ihren eigenen Wünschen, Vorstellungen und Meinungsäußerungen und dem tatsächlichen Verhalten oder den Äußerungen der anderen zu lösen (Krause u. Lorenz 2009).

Weitreichende Kommunikationskompetenzen umfassen die Fähigkeit, auf andere Menschen zuzugehen, Hilfe zu mobilisieren und annehmen zu können, die eigenen Bedürfnisse zu artikulieren und Belastungen problembezogen bewältigen zu können. Sie stellen gleichzeitig zentrale gesundheitsbezogene Handlungskompetenzen dar.

Übung 2: Kommunikation im Team

Soziale Kompetenzen ermöglichen einen angemessenen Umgang sowohl mit Mitmenschen und Kollegen als auch mit Problemen und Stresssituationen im alltäglichen Leben. Eine gesundheitsförderliche Kommunikation kann zu einer größeren Handlungsfähigkeit und Kompetenz verhelfen, um soziale Beziehungen befriedigend gestalten zu können. Diese Prozesse werden unterstützt durch die Förderung der Fähigkeit zur Selbst- und Fremdwahrnehmung sowie zur Kontakt- und Konfliktfähigkeit. Zu den sozialen Kompetenzen gehören alle Fähigkeiten, die einen angemessenen Umgang mit Mitmenschen ermöglichen und unterstützen. In pädagogischen Räumen kann daher Gesundheit gefördert werden, indem Kommunikationsfähigkeiten erlernt werden, um Störungen in der zwischenmenschlichen Kommunikation zu verringern oder sogar zu vermeiden.

Anwendung: Der Redestab in der Teamsitzung
Eine gute Gelegenheit, kommunikative Kompetenzen im Team zu erlangen, bietet die Teamsitzung bzw. die (kollegiale) Supervision. In solch einer Sitzung (bzw. in der Dienstbesprechung, Arbeitsberatung oder Ähnlichem) besteht die Möglichkeit, jedem Teammitglied den Raum zu geben, darüber zu sprechen,

wie es ihr/ihm geht, was sie/ihn bedrückt oder was erfreulich ist. Jede Person im Kreis sollte die Chance erhalten, etwas zu sich selbst und zur Kommunikation in der Gruppe zu sagen. Dabei kann auch ein Redestab herumgegeben werden. Die Person, die diesen Redestab in den Händen hält, kann ihren Redebeitrag leisten. In diesem Zusammenhang können dann auch aktuelle Konflikte besprochen werden. Moderierte Kommunikationssituationen in Teamsitzungen bzw. Team-Supervisionen können Mitarbeiter dabei unterstützen, die eigenen Empfindungen und Wahrnehmungen in Kommunikationssituationen am Arbeitsplatz wahrzunehmen und die eigenen Wahrnehmungen, Gefühle und Bedürfnisse auszudrücken. Teamsitzungen und Supervision dienen unter anderem dazu, auch das gegenseitige Zuhören und Verstehen zu fördern und die Wahrnehmungen anderer Personen mit den eigenen abzugleichen und somit die eigene Wahrnehmung sowie die Empathiefähigkeit zu schulen.

Das verbale Ausdrücken eigener Erfahrungen und Empfindungen schult zudem die Kommunikationskompetenzen, wenn diese beispielsweise auch hinsichtlich der unterschiedlichen Seiten einer Nachricht bewusst gemacht und reflektiert werden.

Durch die Aussprache eigener Wahrnehmungen und Gefühle und das offene Kommunizieren können Vertrauen, Wohlbefinden und soziale Kompetenzen im Team und Kollegium gestärkt werden.

Übung 3: Kommunikationstypen nach Virginia Satir

💡 *Reflexion: Kommunikationssituationen und -typen*
Reflektieren Sie Ihren Arbeitskontext und erinnern Sie sich an Kommunikationssituationen, die Sie sowohl in positiver als auch in negativer Weise als besonders herausragend empfunden haben. Reflektieren Sie hinsichtlich der folgenden Fragestellungen:
- Welche Kommunikationstypen können Sie bei sich selbst in welcher Situation erkennen?
- Welchen Kommunikationstyp empfinden Sie als besonders positiv/negativ? In welcher Situation ist dies so? Wie sieht dies bezüglich Ihrer eigenen Kommunikation aus?
- Welche Kommunikationstypen erkennen Sie bei den anderen Personen, die an der Kommunikation beteiligt sind? Wie bewerten Sie diese?
- Können Sie bestimmte Kommunikationsmuster bezüglich der Kommunikationstypen erkennen? Wie empfinden Sie diese? Wie bewerten Sie sie?
- Was würden Sie gern bei sich hinsichtlich der Kommunikationstypen in den reflektierten und in zukünftigen Kommunikationssituationen verändern?

Übung 4: Formen gewaltfreier Kommunikation

In der modernen Kommunikationspsychologie sind Formen gewaltfreier Kommunikation entwickelt und erprobt worden (Besemer 1997, S. 40ff.). Genannt werden sollen hier jene, die in pädagogischen Kontexten wichtig sind (nach Mayer 2006):

- *Grenzen setzen:* Die jeweiligen Grenzen der Beteiligten müssen deutlich und verständlich für alle Personen dargestellt und entsprechend respektiert werden.
- *Aktives Zuhören:* Es wird aufmerksam, einfühlend und ganz bei der anderen Person bleibend zugehört, um Fakten, Wahrnehmungen, Gefühle und Bedürfnisse zu verstehen.
- *Selbstmitteilungen:* Um etwas über die eigene Person mitzuteilen, braucht es Ich-Botschaften.
- *Ärger ausdrücken und gewaltfrei mitteilen:* Die Gefühle werden in Ich-Botschaften verbalisiert.
- *Selbstbehauptung und Empathie:* Konstruktive Konfliktlösung bedeutet maximale Selbstbehauptung des Selbst bei maximaler Empathie gegenüber der anderen Person.
- *Konsens-Lösungen finden:* Um im Einklang Lösungen zu finden, müssen Gefühle und Bedürfnisse zusammengebracht werden.

Diese Kommunikationsformen können unabhängig voneinander, aber auch im Zusammenhang angewendet werden.

💡 *Reflexion: Einsetzen gewaltfreier Kommunikation*
Reflektieren Sie im Team, welche der genannten Formen gewaltfreier Kommunikation Sie in welchen Situationen in ihrem pädagogischen Umfeld anwenden. Besprechen Sie weiterhin:

- Wann sind diese Formen erfolgreich? In welchen Situationen? Mit welchen Personen?
- Wann sind die jeweiligen Formen nicht erfolgreich? In welchen Situationen? Mit welchen Personen?
- Bei der Anwendung welcher Kommunikationsformen geht es Ihnen besonders gut, bei der Anwendung welcher geht es Ihnen weniger gut? Wie fühlen sich die beteiligten Personen bei der Anwendung welcher Kommunikationsformen?
- Wann passen diese Formen der gewaltfreien Kommunikation in Ihrem pädagogischen Umfeld gar nicht?

✎ Tragen Sie die Ergebnisse in die Tabelle (M6 AB 2) ein:

Übung 5: Das Modell der gewaltfreien Kommunikation (GFK) in pädagogischen Einrichtungen

Die oben bereits analysierten Formen gewaltfreier Kommunikation sind auch im Modell der GFK von Rosenberg wiederzufinden. Im pädagogischen Alltag ist das »Grenzen setzen« eine übliche und notwendige Methode, um Gruppenunterricht durchführen zu können. Im GFK-Modell sind jedoch Selbstoffenbarung und Empathie darüber hinaus besonders wichtige Formen der Kommunikation. Dies ruft aber häufig Widerstände beim Lehrpersonal hervor, da im Schulsystem Macht und Disziplin bis heute wichtige, die Struktur erhaltende und die Funktion von Schule unterstützende Elemente sind. Rosenberg (2001, 2003) geht jedoch davon aus, dass Macht und Systemgewalt nicht mehr notwendig wären und Unterricht und Schule auf Gewaltfreiheit und den tatsächlichen Bedürfnissen aller Beteiligten basieren sollten.

Aufgabe: Die GFK in unserer Organisation?
Diskutieren Sie in Ihrem Team, in welchen Situationen und an welcher Stelle Macht, Disziplin und Gewalt in Ihrem Arbeits- und Organisationssystem besonders wichtig sind oder zumindest als wichtig erscheinen. Besprechen Sie auch, wie Sie zur GFK stehen, welche kritischen Einwände Sie haben und wann die GFK eventuell gewinnbringend eingesetzt werden könnte.
Überlegen Sie:
- Was brauchen Sie, um die GFK in Ihrem pädagogischen Wirkungsfeld erfolgreich einzusetzen?
- Was würde besonders gut dazu beitragen, um die Einführung von GFK in Ihrem pädagogischen Setting zum Scheitern zu bringen?
- Wer wäre für die Umsetzung des Modells und wer wäre dagegen? Wie würden die Personen das begründen?

Anwendung: GFK in schwierigen pädagogischen Situationen
Wählen Sie Beispiele aus Ihrem pädagogischen Kontext aus und erinnern Sie sich an schwierige Kommunikationssituationen, in denen Sie bisher ohne sichtbaren oder spürbaren Erfolg kommuniziert haben.

Am einfachsten ist es, wenn es sich um eine Gesprächssituation handelt, in der zwei Personen (z.B. Sie selbst und eine Person aus Ihrem Arbeitsbereich) involviert sind. Versuchen Sie anschließend, diese Situationen hinsichtlich der Gefühle, Bedürfnisse und Bitten mit GFK zu formulieren.

Sie können die folgende Übung allein oder auch mit einem Gesprächspartner zusammen durchführen.

🖉 Formulieren Sie die Sätze der GFK (M6 AB 3)
1. aus Ihrer eigenen Perspektive heraus und benennen Sie Ihre Gefühle, Bedürfnisse und Ihre Bitte.
2. aus der Perspektive Ihres Gesprächspartners heraus und versuchen Sie, die Gefühle, Bedürfnisse und die Bitte des Gesprächspartners zu formulieren.

M6 Zusammenfassung und Aufgaben zur Wiederholung

Die Kommunikation hat eine inhaltliche und eine beziehungsorientierte Ebene. Die Mitteilungen können verbal und nonverbal zum Ausdruck gebracht werden. Besonders in pädagogischen Situationen gibt es häufig Kommunikationsstörungen, weil die Kompliziertheit von gelingender Kommunikation unterschätzt wird. Es gibt kein Lehren ohne Beziehungsaspekt, und das Lernen ohne harmonische Beziehung in der Gruppe oder zwischen Lehrendem und Lernenden ist wenig erfolgreich.

In diesem Modul sind unterschiedliche Kommunikationsmodelle vorgestellt und in Reflexionen und Übungen erprobt worden. Wiederholen Sie:
- Welche Kommunikationsmodelle kennen Sie?
- Welche Modelle eignen sich im pädagogischen Kontext besonders?
- Wie kann die GFK im pädagogischen Kontext erfolgreich umgesetzt werden?

Füllen Sie den Fragebogen zur (Selbst-)Evaluation aus (Anhang, A 1).

M6 Zusammenfassung und Aufgaben zur Wiederholung

✏️ *M6 AB 1: Die vier Seiten einer Nachricht*

Ebene	Der Sender und die vier Seiten	Der Empfänger und die vier Ohren
Sachaspekt		
Selbstoffenbarung		
Beziehungsaspekt		
Appellaspekt		

M6 AB 2: Gewaltfreie Kommunikation
Beschreibung der Situation:

___

___

___

___

Form gewaltfreier Kommunikation	erfolgreich ja/nein	erfolgreich wann/bei wem	Gefühle bei der Anwendung	einsetzbar ja/nein
Grenzen setzen				
Aktives Zuhören				
Ich-Botschaften				
Ärger ausdrücken und gewaltfrei mitteilen				
Selbstbehauptung und Empathie				
Konsens-Lösungen finden				

M6 Zusammenfassung und Aufgaben zur Wiederholung

✏ *M6 AB 3: Gewaltfreie Kommunikation (GFK)*

Beschreibung der Situation:

_____

Aus der eigenen Perspektive

- Beobachtung: Ich sehe/höre

_____

- Gefühl: … und fühle mich

_____

- Bedürfnis: … weil ich

_____

- Bitte: … und ich möchte dich bitten,

_____

Aus der Perspektive von …

- Beobachtung: Ich sehe /höre

_____

- Gefühl: … und du fühlst dich wahrscheinlich

_____

- Bedürfnis: … weil du eventuell

_____

- Bitte: … und du möchtest mich bitten,

_____

Modul 7: Die Gesundheitsressource
Konfliktlösungskompetenz

M7 Ablauf

Ziele	Verlauf	Methodisch-didaktische Umsetzung	Material
Einführung in das Thema	Was ist ein Konflikt?	*Vortrag, Lektüre und Diskussion* Sammeln der Erwartungen und Erfahrungen	M7 Theorie
Kompetenzen erkennen und ausbauen, Konflikte umdeuten	*Übung 1*: Konfliktrealitäten und -lösungen	*Aufgabe:* Konfliktrealitäten erkennen und beschreiben *Reflexion:* Konfliktverständnis	M7 AB 1
Die Dynamiken der Konfliktentstehung verstehen	*Übung 2*: Rund um den Konflikt	*Aufgabe:* Kriterien der Konfliktentstehung *Aufgabe:* Analyse von Konflikten	M7 Theorie M7 AB 2
Konflikttypen erkennen und damit umgehen lernen	*Übung 3*: Konflikt und Konflikttypen	*Reflexion:* Konflikttypen und Kohärenzgefühl	M7 Theorie
Den Blick der Konfliktlösung zuwenden	*Übung 4*: Konfliktlösungen	*Reflexion:* Konfliktlösung im pädagogischen Feld *Rollenspiel:* Ein Konfliktgespräch	M7 Theorie
Abschlussrunde	Zusammenfassung und Aufgaben zur Wiederholung	Wiederholung, Gruppen- und/oder individuelle Auswertung	Fragebogen Anhang, A1

M7 Lernziele

In Modul 7 geht es darum zu verstehen, was Konflikte sind, wodurch sie entstehen und wie sie praktischerweise gelöst werden können. Das Lösen von Konflikten im Arbeitsbereich ist eine der wichtigsten Aufgaben, um das Wohlbefinden von Mitarbeitern und Mitarbeiterinnen zu unterstützen und zu fördern. Ungelöste Konflikte können auf Dauer zu psychosomatischen Belastungen führen und die Gesundheit einschränken. Daher soll dieses Modul Aufschluss darüber geben, wie Konflikte konstruktiv gelöst werden können, wenn man ihre grundlegenden Ursachen verstanden und ihre Analyse erlernt hat.

M7 Theorie

Zum Begriff Konflikt

Eine gestörte Kommunikation kann leicht zu Konflikten führen. Missglückte oder konfliktreiche Kommunikation kommt besonders häufig in pädagogischen Systemen vor, weil diese sehr komplex sind und relativ enge soziale und strukturelle Rahmenvorgaben berücksichtigen müssen.

Die Auseinandersetzung mit Konflikten und ihrer Lösung kann bis ins antike Griechenland zurückverfolgt werden (Nussbaum 2001). Konflikt (lat. *confligere*) bedeutet aktions-orientiert »zusammenstoßen« bzw. passiv »im Streit liegen«, ein Verhältnis oder eine Struktur beschreibend. Konflikte werden definiert als »zwei scheinbar unvereinbare Standpunkte bzw. Handlungswünsche«, die sich gegenüberstehen. Der Handlungswunsch der einen Person ist mit dem Handlungswunsch der anderen Person nicht vereinbar (Besemer 1999, S. 14).

Aufeinandertreffende Standpunkte

A B
Quelle: Mayer 2006, S. 23

In Konflikten argumentieren die Konfliktpartner aus ihrer eigenen Realität, ihrer Wahrnehmung und ihrem Verständnis bestimmter Themen heraus. Konflikte und ihre Lösungen sind individuell, gesellschaftlich und kulturell geprägt. In Konflikten müssen die unterschiedlichen Realitäten erkannt und verhandelt, gleichzeitig aber auch die Gemeinsamkeiten entdeckt werden (Mayer 2006).

Konfliktlösung

Grundlegende Voraussetzung für eine friedliche Konfliktlösung im Einvernehmen aller Beteiligten ist der Wille zu einem konstruktiven Umgang mit Konflikten, der dann zu einer sogenannten »Win-Win-Lösung« führen kann. Um die Eskalation der Gewalt, die Ableitung der Aggression auf Dritte oder die unproduktive Konfliktvermeidung zu verhindern, sind folgende Aspekte besonders wichtig (Besemer 1997, S. 36ff.):

- Bemühen um Gleichwertigkeit und Gleichrangigkeit der Konfliktpartner;
- Herstellen einer gleichen Machtebene;
- Hinterfragen der Positionen, Identifizieren der Konfliktbasis und Bemühen um Transparenz;
- Anwenden gewaltfreier Lösungsmethoden, Bemühen um Deeskalation.

Beziehungen in pädagogischen Institutionen entstehen in asymmetrischen Interaktionen. Dabei sind pädagogische Fachkräfte normalerweise in der mächtigeren Position. Es ist eine große Herausforderung, Gleichwertigkeit und Gleichrangigkeit in der Beziehung der Konfliktpartner herzustellen, wenn es sich um Lehrkräfte und Schüler/-innen handelt. Eine gleiche Ebene der Macht kann nur entstehen, wenn beide Parteien sich darauf einlassen und zulassen, dass Positionen hinterfragt werden. Wenn die Prinzipien der gewaltfreien Kommunikation (siehe oben) eingehalten werden, dann könnte ein gleichberechtigter Umgang zwischen Lehrenden und Lernenden in pädagogischen Settings möglich werden und Machtungleichgewichte ausgleichen.

Heranwachsende müssen Konfliktlösungsstrategien erst erwerben, und das geschieht bewusst oder auch unbewusst in pädagogischen Situationen. Kompetenzen zur Konfliktlösung werden in der Sozialisation erworben, sie werden nicht zuletzt auch durch das Kohärenzgefühl und seine Ausprägungen beeinflusst. Pädagogische Fachkräfte dienen häufig als Modell für den Umgang mit Konflikten, darum ist es wichtig, dass sie sich ihrer eigenen Kompetenzen bewusst sind.

Je besser sie Konflikte verstehen, je handlungsfähiger sie in Konflikten sind und je häufiger sie Konflikte produktiv lösen können, desto eher fördern sie das eigene Kohärenzgefühl sowie das der Lernenden und desto wohler können sich alle Beteiligten fühlen. Dies gilt auch umgekehrt: Je stärker das Kohärenzgefühl ausgeprägt ist, desto eher können Konflikte verstanden werden und die Personen handlungsfähig und motiviert bleiben. Menschen mit einem starken Kohärenzgefühl sind in der Lage, Konflikte bewusst und zielgerichtet anzugehen, in dem sie die generalisierten Widerstandsressourcen aktivieren und auf ihre Gesundheitsfaktoren zurückgreifen. Sie können komplexe Konfliktsituationen (schnell) erfassen, diese verstehen und Handlungen ausführen, um diese zu lösen. Dabei haben Menschen mit einem starken Kohärenzgefühl oftmals mehrere Lösungsoptionen parat und können diese, den Umständen entsprechend, umsetzen (Mayer 2011).

M7 Übungen

Übung 1: Konfliktrealitäten und -lösungen

📖 *Aufgabe: Konfliktrealitäten erkennen und beschreiben*
Denken Sie an einen Konflikt, den sie in Ihrem Arbeitsumfeld erlebt haben. Beschreiben Sie Ihre persönliche Wahrnehmung und Auffassung bezüglich dieses Konfliktes. Beschreiben Sie anschließend die Konfliktrealität, die Sie bei Ihrem Konfliktpartner vermuten. Überlegen Sie schließlich, welche gemeinsamen Sichtweisen Sie aus den zwei Konfliktrealitäten entwickeln könnten, die schließlich den Weg zu einer Lösung ebnen können.

🖉 Beschreiben Sie in der Tabelle (M7 AB 1) jeweils die Gedanken, die Gefühle und die Verhaltensweisen, die diesen Konflikt begleiteten.

💡 *Reflexion: Konfliktverständnis*
Konflikte werden in vielen Kulturen eher als dysfunktional und destruktiv beschrieben und bewertet (Augsburger 1992; Mayer 2006). Erst seit der Mitte des 20. Jahrhunderts haben sich Konflikttheoretiker um eine positive Deutung von Konflikten bemüht (Bonacker 2002) und Konflikte als normale Bestandteile des menschlichen Lebens beschrieben. Dennoch hat sich dieser Ansatz im alltäglichen Konfliktverständnis wohl noch nicht durchgesetzt.

Reflektieren Sie gemeinsam mit Ihrem Team:
- Was sind für Sie Konflikte? Was stützt Ihr Verständnis von Konflikten?
- Wann ist ein Konflikt ein Konflikt? Wann sprechen Sie von einem Problem, einem Missverständnis oder einer Schwierigkeit?
- Wie erleben Sie Konflikte? Welche Gefühle, welche Körperreaktionen treten bei Ihnen auf?
- Wie bewerten Sie die erlebten Konflikte? Versuchen Sie, sowohl die positiven Elemente als auch die negativen Elemente zu benennen.
- Wie werden Konflikte in Ihrem Arbeitsumfeld definiert?
  - Von Ihnen selbst?
  - Von Ihren Kollegen und Kolleginnen?
  - Von der Leitung?

Übung 2: Rund um den Konflikt

Es sind die unterschiedlichen Interessen, Erwartungen, Gedanken, Gefühle und Verhaltensweisen, die zu Konflikten führen können (Glasl 1997).

In der folgenden Übung können diese Aspekte im Blick auf Konflikte im Team/Kollegium reflektiert werden. Sie können/sollten das in einer Teamsitzung auswerten.

📖 *Aufgabe: Kriterien der Konfliktentstehung*
Erinnern Sie sich an einen Konflikt, den Sie in Ihrem pädagogischen Berufsalltag erlebt haben. Analysieren Sie den Konflikt hinsichtlich der genannten Kriterien
🖉 Schreiben Sie in der Tabelle (M7 AB 2) auf, was Ihnen dazu hinsichtlich Ihrer Person und Ihres Konfliktpartners / Ihrer Konfliktpartnerin einfällt.

📖 *Aufgabe: Analyse von Konflikten*
Denken Sie in den nächsten Wochen an diese Möglichkeit der Analyse, wenn Sie mit Konflikten in Ihrem Arbeitsbereich zu tun haben (Schülerkonflikte, Konflikte

in zu betreuenden Familien, Konflikte im Jugendtreff, Konflikte mit Eltern). Versuchen Sie gemeinsam mit den am Konflikt Beteiligten herauszufinden, was zum Konflikt geführt hat (welche Interessen, Gedanken, welches Verhalten usw.). Zu welchem Ergebnis kommen Sie, wenn Sie das Problem auf diese Art und Weise erschließen und verstehen?

Übung 3: Konflikt und Konflikttypen

Jedem Menschen stehen unterschiedliche Konfliktlösungsstrategien zur Verfügung, die durch die in der Sozialisation erworbenen Kompetenzen beeinflusst werden. Daraus können fünf Konflikttypen, die jeweils eine bestimmte Reaktion auf Konflikterlebnisse kennzeichnen, abgeleitet werden. Im Folgenden werden diese Konflikttypen vorgestellt (Mayer 2006):
- *Angriffstypen* werden aktiv in Konflikten, vertreten ihre eigene Meinung, sind offensiv und gehen implizit von dem Leitsatz aus: »Angriff ist die beste Verteidigung.« Hier zeigt sich eine aktive, engagierte und initiative Konfliktaustragung, die auf andere Personen gelegentlich herausfordernd oder einschüchternd wirken kann.
- *Verteidigungstypen* verteidigen ihre Positionen in Konflikten und rechtfertigen diese Position. Verteidigungstypen wirken oftmals unsicher, rechtfertigen sich für ihre Handlungen und Einstellungen und bleiben auf Dauer nicht unbedingt standhaft.
- *Fluchttypen* ziehen sich gern innerlich oder auch äußerlich aus Konfliktsituationen zurück und weichen somit dem Konflikt aus. Dies kann physisch, aber auch psychisch geschehen.
- *Erstarrungstypen* erstarren in Konfliktsituationen »zu Stein«. Die Erstarrung kann sich durch Schweigen oder inneren Rückzug zeigen. In der Erstarrung sind keine Handlung, kein Abweichen von der eigenen Position und auch keine innere Veränderung der Einstellung möglich.
- *Ablenkungstypen* lenken vom eigentlichen Konfliktthema ab und bringen plötzlich und unerwartet gern ein neues Thema auf den Tisch, beziehen plötzlich eine andere Person ins Gespräch ein, wechseln schlagartig das Thema oder führen Handlungen durch, die nicht im Zusammenhang mit dem Thema stehen.

Reflexion: Konflikttypen und Kohärenzgefühl
- Denken Sie an Konflikte, die Sie erlebt haben, und beantworten Sie sich die folgenden Fragen: Zu welchem Konflikttyp tendieren Sie in welchen Situationen?
- Welche Gedanken und Gefühle haben Sie, wenn Sie daran denken, wie Sie sich in den besagten Situationen verhalten? Wie reagieren Ihre Konfliktpartner?

- Welcher Konflikttyp ist Ihnen am sympathischsten, welcher am unsympathischsten?
- Wenn Sie sich mit keinem dieser genannten Konflikttypen identifizieren können, dann beschreiben Sie Ihr typisches Verhalten bei Konflikten.
- Wie sehen Sie den Zusammenhang zwischen der Stärke des Kohärenzgefühls und der Fähigkeit zum Konfliktlösen?

Übung 4: Konfliktlösungen

Reflexion: Konfliktlösung im pädagogischen Feld
Versuchen Sie das, was bisher über gewaltfreie Konfliktlösung diskutiert worden ist, auf Konflikte und deren Lösung im pädagogischen Feld anzuwenden.
Bearbeiten Sie – am besten im Team – folgende Fragestellungen:
- Wie wird Gleichwertigkeit und Gleichrangigkeit im pädagogischen Raum zwischen Konfliktparteien hergestellt? Welche Erfahrungen haben Sie gemacht? Welche Ideen haben Sie zur Verbesserung?
- Wie geschieht die Herstellung der gleichen Machtebene im Sinne von Selbstbehauptung? Welche Erfahrungen und welche Vorschläge haben Sie?
- Wie werden Positionen hinterfragt und Konfliktursachen identifiziert? Welche Erfahrungen und welche Vorschläge haben Sie?
- Wie werden kritische Aspekte transparent gemacht? Welche Erfahrungen und welche Vorschläge haben Sie?
- Welche Methoden der Konfliktlösung werden bisher verwendet und was könnte verändert werden?

Wenn Sie in Ihren Diskussionen feststellen, dass Prinzipien von friedlicher Konfliktlösung nicht oder nur wenig eingehalten werden, überlegen Sie, wie dies besser und effektiver geschehen könnte. Was müsste getan werden und von wem?

Rollenspiel: Ein Konfliktgespräch
Konflikte sind im pädagogischen Alltag nicht auszuschließen. Bei den Wünschen für die Inhalte von Fortbildungsveranstaltungen steht die »Elternarbeit« ganz oben. Es besteht ein hoher Bedarf nach mehr Aus- und Fortbildung zu Fragen der Gesprächsführung und Konfliktlösung.

Hier ein Vorschlag, um sich einmal ganz bewusst mit dem Problem gelingender Gespräche mit Eltern zu befassen.

Setzen Sie sich im Team zusammen und reflektieren Sie die Konfliktsituationen, die für Sie eine besondere Herausforderung in der letzten Zeit waren. Jede/r sollte sein Problem vorstellen. Wählen Sie danach eine Situation aus, die sie in einem Rollenspiel darstellen möchten.

Verteilen Sie die Rollen auf die Teammitglieder. Achten Sie darauf, dass es auch Beobachter gibt, die anschließend ihre Eindrücke beschreiben können. Lassen Sie zunächst den Konflikt möglichst so, wie er tatsächlich abgelaufen ist, im Rollenspiel vorführen und werten Sie die einzelnen Rollen anschließend aus: Wie ist es den Personen in den verschiedenen Rollen ergangen? Wie haben sie sich gefühlt? Wann und wodurch entstanden die Gefühle der einzelnen Personen? Wie empfinden die Personen die Lösung des Konflikts? Befragen Sie dann auch die Beobachter, was sie gesehen und erlebt haben.

Reflektieren Sie anschließend, welche alternativen Konfliktlösungsmöglichkeiten es noch gegeben hätte. Sie können sich für die Diskussion das Handout *Elterngespräche* im Anhang, A8, zu Hilfe nehmen. Spielen Sie danach in weiteren Rollenspielen auf jeden Fall eine oder mehrere Möglichkeiten einer anderen Konfliktlösung durch. Werten Sie das Gesehene anschließend wieder aus. Diskutieren Sie dann im Team, auch mit den Beobachtern, welche Lösung für wen optimal war oder wäre und welche die geeignetste Lösung für das Gesamtsystem sein könnte.

Im Handout (Anhang, A8) sind einige grundsätzliche Voraussetzungen für ein Gespräch mit Eltern aufgelistet, die aber auch für jedes andere Gespräch gültig sind.

M7 Zusammenfassung und Aufgaben zur Wiederholung

In diesem Modul sind Konflikte definiert und verschiedene Möglichkeiten, um Konflikte zu analysieren und besser verstehen zu können, vorgestellt worden. Konflikte sind Bestandteil des Lebens in Gemeinschaften. Damit sie gesundheitsförderlich gelöst werden können, müssen Lösungsstrategien erworben und geübt werden. Ungelöste Konflikte können das Klima in einer Organisation »vergiften« und das Wohlbefinden der Beteiligten stark beeinträchtigen. Wenn Konfliktlösung gelingt, kann das zu einer friedvollen und gesundheitsförderlichen Arbeitsatmosphäre beitragen.

Beantworten Sie die folgenden Fragen:
- Wie entstehen Konflikte?
- Welche Konflikttypen kennen Sie?
- Welche Konfliktlösungsformen haben Sie erlernt?
- Welche Möglichkeiten zur Lösung von Konflikten haben Sie für sich als hilfreich herausgefunden?

Füllen Sie den Fragebogen zur (Selbst-)Evaluation aus (Anhang, A1).

M7 AB 1: Konfliktrealitäten erkennen

Eigene Konfliktrealität	Konfliktrealität des Konfliktpartners	Gemeinsamkeiten der Konfliktrealitäten
Gedanken:	Gedanken:	Gedanken:
Gefühle:	Gefühle:	Gefühle:
Verhalten:	Verhalten:	Verhalten:

✎ *M7 AB 2: Kriterien der Konfliktentstehung*

Konfliktpartei 1	Konfliktpartei 2
Erwartungen/Interessen:	Erwartungen/Interessen:
Gefühle/Befindlichkeit:	Gefühle/Befindlichkeit:
Wahrnehmungen/Gedanken:	Wahrnehmungen/Gedanken:
Verhalten/Handlungen:	Verhalten/Handlungen:

In Anlehnung an Mayer 2006, S. 26

Modul 8: Die Gesundheitsressource *Transkulturelle Kompetenz*

M8 Ablauf

Ziele	Verlauf	Methodisch-didaktische Umsetzung	Material
Einführung in das Thema Kompetenz und Gesundheit, Modelle interkultureller Kompetenzen	Teilnehmer/-innen machen sich mit dem Thema vertraut	*Vortrag, Lektüre, Diskussion* Sammeln der Erwartungen und Erfahrungen	M8 Theorie Flipchart
Erkennen persönlicher und kultureller Zugehörigkeiten	*Übung 1*: Kultur und Gesundheit	*Aufgabe:* Kulturelle Gruppenzugehörigkeiten *Aufgabe:* Zugehörigkeit, Qualität und Gesundheit	M8 Theorie
Persönliche interkulturelle Kompetenzen bewusst machen	*Übung 2*: Interkulturelle Kompetenzen	*Reflexion:* Persönliche interkulturelle Kompetenzen	M8 AB 1 M8 AB 2
Interkulturelle und transkulturelle Pädagogik unterscheiden	Diskussion nach Lektüre bzw. Vortrag	*Vortrag, Lektüre, Diskussion*	M8 Theorie
Konzeptklärung transkulturelle Kompetenz im pädagogischen Raum	*Übung 3*: Inter- und Transkulturalität	*Reflexion:* Inter- und transkulturelle pädagogische Konzepte in der Organisation *Aufgabe:* Entwurf eines Entwicklungsplans	M8 Theorie
Kennenlernen von Kriterien eines interkulturellen Curriculums	*Übung 4*: Ein interkulturelles Curriculum	*Aufgabe:* Das interkulturelle Curriculum in unserer Organisation	M8 Theorie M8 AB 3
Kennenlernen eines interkulturellen und gesundheitsorientierten didaktischen Modells	*Übung 5*: Das Team-Ombuds-Modell (tOm) zur Förderung von Gesundheit und Transkulturalität in Schulen	*Lektüre* *Reflexion:* tOm in unserer Organisation	M8 Theorie
Abschlussrunde	Zusammenfassung und Aufgaben zur Wiederholung	Wiederholung, Gruppen- und/oder individuelle Auswertung	Fragebogen Anhang, A1

M8 Lernziele

In Modul 8 geht es in erster Linie darum zu erfahren, was interkulturelle und transkulturelle Kompetenzen bedeuten und wie diese auf kognitiver, emotionaler und verhaltensorientierter Ebene wirken können. Für pädagogische Fachkräfte sind transkulturelle Kompetenzen mittlerweile zu einer wichtigen Ressource in ihrer pädagogischen Arbeit geworden. In diesem Modul soll der Zusammenhang zwischen transkultureller Kompetenz und Wohlbefinden herausgearbeitet werden. Ausgewählte Aspekte dieser Kompetenzen sollen anhand von Übungen trainiert werden.

M8 Theorie

Kultur, Kompetenz und Gesundheit
Die Zugehörigkeit zu einer Kultur – sei es Nationalkultur, Regionalkultur, Berufskultur, Organisationskultur oder andere Kulturen – gibt Orientierung, Sicherheit und einen Platz im sozialen System. »Dabei kann das Selbst in unterschiedlichen Kulturen sich immer wieder neu konstruieren, die Substrukturen des Selbstkonzepts bei jungen Migranten könnten z. B. sehr heterogen sein. Das familienbezogene Selbst könnte nach Werten der Familie und das freizeitbezogene Selbst nach denen der peer group konstruiert sein. Beide können im jeweiligen sozialen Rahmen das Gefühl von Zugehörigkeit bieten« (Krause 2011, S. 137).

Zugehörigkeiten unterschiedlicher kultureller Gruppen können sich überschneiden und somit zu einer »Patchwork-Identität« beitragen (Keupp 2002). Da eine ausgewogene Balance zwischen den verschiedenen kulturellen Zugehörigkeiten, zwischen Autonomie und Bindung, eine positive Selbstentwicklung fördern (Baltes u. Silverberg 1994), verdient die Förderung von Gesundheitsfaktoren, vor allem von Selbstwert und Zugehörigkeitsgefühl (Erleben von Selbstwirksamkeit und emotionaler Verbundenheit mit relevanten Bezugsgruppen), im transkulturellen pädagogischen Kontext besondere Aufmerksamkeit.

Kulturell bedingt sind in jedem Fall der Stellenwert von Gesundheit, das Gesundheitsbewusstsein, das Gesundheitsverhalten sowie die Einstellungen zum Leben und zur Interpretation bestimmter kommunikativer Situationen. Nach Antonovsky (1997) sind die Lebenserfahrungen, die zur Herausbildung des Kohärenzgefühls notwendig sind, für *alle* Kinder entwicklungs- und gesundheitsfördernd. Sie werden dem Kind zwar in Abhängigkeit von der jeweiligen Kultur unterschiedlich ermöglicht, sind aber universell gültig. Es handelt sich um:
- das Bedürfnis des Kindes nach Sicherheit und Liebe (Konsistenz in den Beziehungen),

- das Wahrnehmen und Anerkennen von Lernbedürfnis, Wissenshunger und Entwicklungsfortschritten (Belastungsbalance) und
- das Achten der menschlichen Würde, d. h., das Kind an der gemeinsamen Aufgabe, an Entscheidungen und an der Welt teilnehmen zu lassen (Partizipation).

Diese Erfahrungen zu gewährleisten, sollte ein Anliegen in jeder Kultur und Gesellschaft sein und ist somit eine kulturübergreifende Zielstellung (Bertram u. Kohl 2010). Blickt man auf die Pädagogik, so können hier unterschiedliche Strömungen erkannt werden, die dieses Anliegen vertreten.

Kultur und Pädagogik
In der Pädagogik gibt es kaum einen Bereich, der sich in den vergangenen Jahrzehnten mehr verändert hat als die interkulturelle bzw. transkulturelle Pädagogik (Datta 2011). Die Frage einer kulturangemessenen Pädagogik wurde in Deutschland erstmals in den 1950er Jahren diskutiert, als angeworbene Gastarbeiter ihre Familien nach Deutschland nachholten und diese im darauf unvorbereiteten Schulsystem beschult werden sollten. Die Zuwanderung nach Deutschland wurde in den folgenden Jahrzehnten zu einer Dauererscheinung. In der wissenschaftlichen pädagogischen Diskussion der 1970er Jahre ging es zunächst um »Ausländerpädagogik«, in den 1980er Jahren um die »Kritik an der Ausländerpädagogik« und die »interkulturelle Pädagogik« (Auernheimer 1996, 2002), in den 1990er Jahren schließlich um die »transkulturelle Pädagogik«. Gegenwärtig bestehen die Konzepte »interkulturelle Pädagogik« und »transkulturelle Pädagogik« nebeneinander. Beide Begriffe werden unterschiedlich definiert.

Im Folgenden wollen wir diese beiden Konzepte erklären, da sie besonders wertvoll auch im Blick auf die Gesundheitsförderung im pädagogischen Setting sind.

Interkulturelle Kompetenz: Vermittlung zwischen Eigenem und Fremdem
Durch die zunehmende Globalisierung auch im pädagogischen Raum kommt es vermehrt zu »kulturellen Überschneidungssituationen« (Dadder 1987), in denen sich Menschen mit unterschiedlichen kulturellen Hintergründen begegnen. Diese »interkulturellen Kommunikationssituationen« sind oftmals sehr komplex und bedürfen bestimmter zusätzlicher Kompetenzen (Bolten 2007). Diese Kompetenzen unterstützen die Interaktionspartner dabei, kulturelle Grenzen zu überschreiten und die interkulturelle Kommunikation positiv zu gestalten.

In der interkulturellen Forschung, die seit den 1950er Jahren intensiv betrieben wird, herrschte lange Zeit die Auffassung vor, dass interkulturelle Situationen durch das Aufeinandertreffen von »Eigenem« und »Fremdem« entstehen (Thomas 2005, S. 46). Dabei entstehe ein Raum der kulturellen Überschneidung, bezeichnet auch als das Interkulturelle.

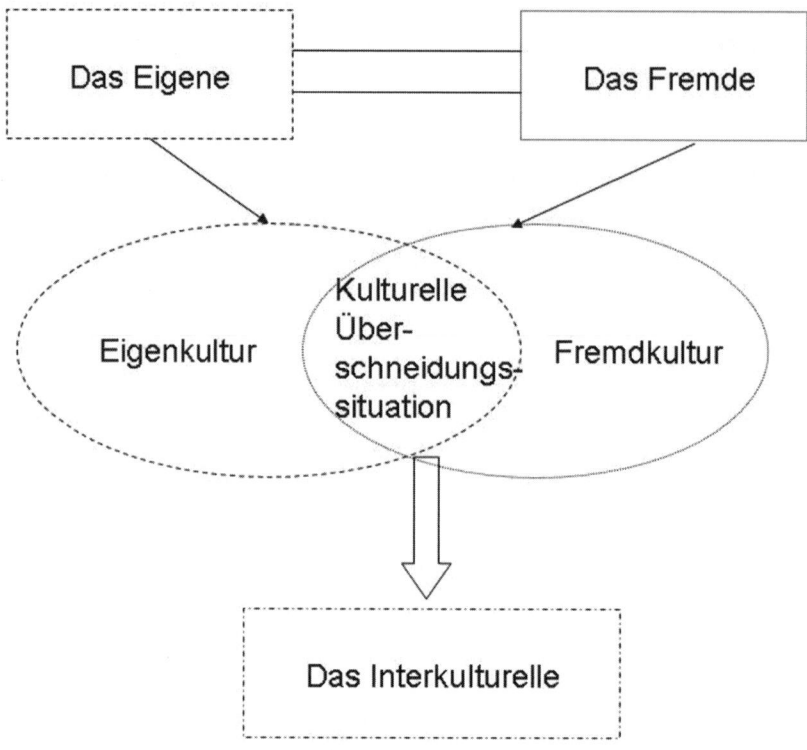

Abb. 2: Das Eigene und das Fremde, Quelle: Thomas 2005, S. 44

Interkulturelle Kompetenz wird verstanden als

> eine Grundqualifikation, die wir heute eigentlich von den Mitarbeiterinnen und Mitarbeitern aller Dienste und Einrichtungen erwarten müssen. Sie sieht sich – im Rahmen einer demokratisch verfassten, pluralistischen und sozialstaatlichen Gesellschaft – den Leitbildern Förderung von Chancengleichheit, möglichst weitgehende Gleichberechtigung, Respekt vor Anderssein, interkultureller Austausch und Partizipation verpflichtet.
>
> Krummacher 2000, S. 162

Die Annahme von Differenz und Unterschiedlichkeit steht in dieser Definition im Vordergrund.

Hammerschmidt (2000, S. 3) betont: Interkulturelle Kompetenz ist die Fähigkeit, »dass ich mich in einer mir fremden Welt orientieren kann, wie ich es in der mir vertrauten mehr oder weniger erfolgreich tagtäglich tue.«

Besonders wichtig sind dafür kommunikative Kompetenz, Kontaktfreude,

Ambiguitätstoleranz, Unsicherheits- bzw. Stresstoleranz, Handlungsflexibilität, Unvoreingenommenheit, Empathie, Identitätssicherheit, Umgang mit Komplexität und Perspektivwechsel. Zur interkulturellen Kompetenz werden in vielen Modellen die folgenden Fähigkeiten und Fertigkeiten gezählt: Offenheit gegenüber Unterschiedlichkeit, Management von Emotionen, transkulturelle Kommunikationskompetenz, Ambiguitätstoleranz, kulturelles Verstehen und Verständnis, Fertigkeit zur adäquaten Informationsweitergabe, Konfliktmanagementfertigkeiten und Selbstmanagementkompetenzen (Lloyd und Härtel 2003).

Interkulturelle Kompetenz in der Pädagogik
Für im pädagogischen Bereich tätige Personen steht interkulturelle Kompetenz vor allem im Zusammenhang mit Sachkompetenz, Beratungskompetenz, Konfliktfähigkeit und Sprachkompetenz und somit der Verständigungsfähigkeit in einer der Herkunftssprachen der Zuwanderer (Popp 2004).

Grundsätzlich gehen all diese Definitionen von einer Unterscheidung zwischen Eigenem und Fremdem und somit von einer Differenz aus. In der aktuellen Forschung hat sich jedoch herausgestellt, dass die Hervorhebung des Dualismus von Eigenem und Fremdem, der in der Praxis häufig noch vorherrscht, die Differenzen eher verstärkt.

In dem folgenden Modell interkultureller Kompetenz (Bolten 2007, S. 86) stehen eher die Persönlichkeitskompetenzen als die Differenzen im Fokus. Die interkulturelle Kompetenz steht hier im Kontext von fachlichen, strategischen, sozialen und individuellen Kompetenzen und schließt die grundlegenden Fähigkeiten, etwas zu erklären und zu beschreiben, sowie Fremdsprachenkompetenzen ein.

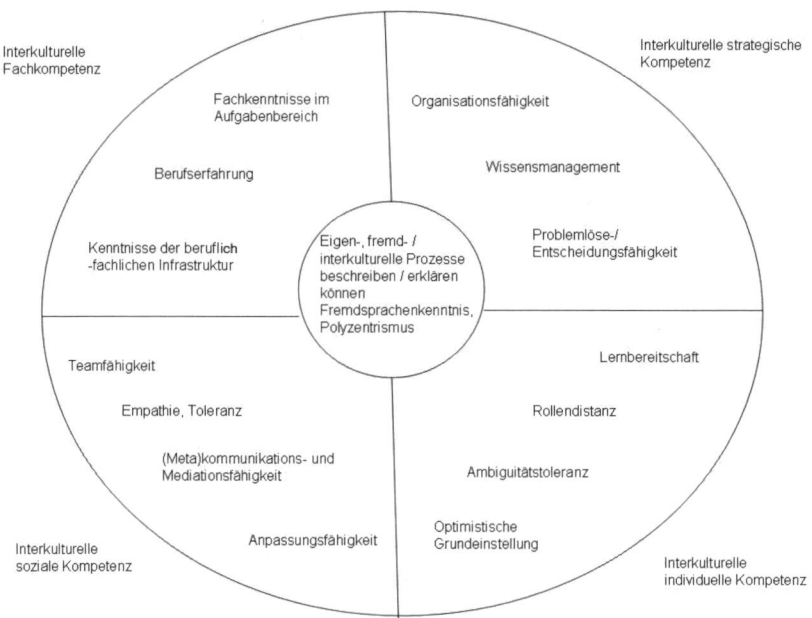

Abb. 3: Modell interkultureller Kompetenz, Quelle: Bolten 2007, S. 86

Interkulturelle Pädagogik nach Auernheimer
Die interkulturelle Pädagogik nach Georg Auernheimer hat die Diskussion um Interkulturalität in der Pädagogik zwanzig Jahre lang weitgehend bestimmt. Drei Aufgaben der interkulturellen Pädagogik werden hervorgehoben:
- die interkulturelle Kompetenzentwicklung,
- die multiperspektivische Bildung sowie
- eine antidiskriminierende Pädagogik.

Grundvoraussetzung zur Erfüllung dieser drei Aufgaben ist die Fähigkeit zur Selbstreflexion. Haltungen und Fähigkeiten, die Mitarbeiter/-innen pädagogischer und sozialer Institutionen einbringen sollten, sind:
- Sensibilität für Machtstrukturen, um Haltungen und Reaktionsweisen der Lernenden und Ratsuchenden zu verstehen;
- Sensibilität für Diskriminierungs- und/oder historische Konflikterfahrungen, die die Kommunikation beeinflussen;
- selbstkritische Wahrnehmung und Reflexion der eigenen Stereotype und Vorurteile;
- Wahrnehmung und Berücksichtigung möglicher kultureller Differenzen auf der Ebene von Verhaltensmustern, Rollen, Normen und/oder Werten;

- Fähigkeit im Umgang mit Stereotypisierungen;
- Fähigkeit, die Bedeutung unterschiedlicher Kulturmuster gemeinsam zu erschließen;
- Akzeptanz von Fremdheit und Überwindung der Annahme, dass gegenseitiges Verstehen uneingeschränkt gelingt;
- Dialogfähigkeit, um situationsadäquate Regeln der Kooperation auch bei unterschiedlichen Normen und Werten aushandeln zu können, sowie
- Humorfähigkeit, verstanden als Distanz sich selbst gegenüber und als heitere Gelassenheit beim Erkennen gegenseitiger Stereotype.
(Auernheimer 2002, S. 17)

Interkulturelle Kompetenz als Gesundheitsfaktor
Interkulturelle Kompetenzen sind eng verbunden mit dem individuellen Selbstkonzept, mit der Wahrnehmung und den eigenen Fähigkeiten. Individuen benötigen kognitive und affektive Kompetenzen sowie Handlungskompetenzen, um kulturübergreifend adäquat handeln zu können und Ressourcen zu aktivieren.

Aktuelle Gesundheitsstudien in transkulturellen Organisationssettings zeigen, dass Personen mit einem starken Kohärenzgefühl eine gut entwickelte interkulturelle Kompetenz aufweisen (Mayer 2011). Das mag daran liegen, dass sie eine Situation eher verstehen, eher in der Situation handeln können und sie auch hinsichtlich ihrer Bedeutung für das eigene Leben eher zuordnen können als Personen, die ein geringer ausgeprägtes Kohärenzgefühl aufweisen. Daher ist es wichtig, dass interkulturelle Kompetenzen auch im Sinne einer »gesunden Organisation« nicht nur für die pädagogischen Fach- und Führungskräfte, sondern auch für die Personen, mit denen Pädagogen arbeiten, geschult und entwickelt werden.

Von der interkulturellen zur transkulturellen Kompetenz
Im Mittelpunkt der transkulturellen Pädagogik steht eine Pädagogik, die zum Ziel hat, Vielfalt und Verschiedenartigkeit zu fördern und nicht so sehr auf Unterschiede (wie in der interkulturellen Pädagogik), sondern mehr auf Gemeinsamkeiten von Angehörigen kultureller Gruppen zu schauen (Datta 2011).

Transkulturelle Kompetenz setzt sich aus unterschiedlichen Grundpfeilern zusammen. Sie besteht vor allem aus:
- der Wertschätzung und dem Respekt gegenüber unterschiedlichen Konstruktionen von Wirklichkeit,
- dem Erkennen der inneren Komplexität von Wirklichkeit,
- dem konstruktiven und ressourcenorientierten Umgang mit Verschiedenheit, der Aktivierung von Ressourcen und Gemeinsamkeiten sowie
- der Fähigkeit zur Selbst- und zur Fremdreflexion, um aus einer inneren Stärke heraus gemeinsam wirken zu können (Treichel 2011, S. 17).

In den *interkulturellen* Ansätzen geht es vor allem um das Erkennen und Verstehen von Differenzen, um die Aneignung von Wissen und bestimmten Fähigkeiten. In *transkulturellen* Ansätzen dagegen geht es vor allem um eine humanistische und ressourcenorientierte sowie auf die Entwicklung und den Wandel blickende Orientierung. Hinsichtlich einer gesundheitsorientierten Pädagogik sind beide Konzepte wichtig, um optimal Verstehen, Handhabbarkeit und Sinngebung zu fördern.

In der folgenden Tabelle sind bestimmte Begriffe dem jeweiligen Ansatz zugeordnet. In der Praxis ergänzen und vermischen sich die Konzepte.

interkulturell	
Begriffe	*Fokus*
Einheiten	Strukturen
Funktionen	Effizienz
Differenzen	Transaktion
Training	Wissen
Techniken	Skills
Sensibilität	Ich / Fremde
Kooperation	Austausch
transkulturell	
Begriffe	*Fokus*
Systeme	Kräfte
Menschen	Interessen
Ressourcen	Transformation
Entwicklung	Potenziale
Persönlichkeit	Kompetenzen
Authentizität	Diversity
Konstruktion	Synergie

Quelle: Treichel 2011, S. 428

M8 Übungen

Übung 1: Kultur und Gesundheit

📖 *Aufgabe: Kulturelle Zugehörigkeiten*
Kulturelle Zugehörigkeit ist ein wichtiger Faktor der Gesunderhaltung. Überlegen Sie, welchen soziokulturellen Gruppen (z. B. Sportgruppe, Familie, Verein, Lehrer) Sie zugehörig sind. Zeichnen Sie die Gruppenzugehörigkeiten – wie in einem Tortendiagramm – nach Anteilen in den Kreis ein und benennen Sie das jeweilige Segment. Die Größe der einzelnen Segmente ergibt sich aus Ihrem persönlichen Empfinden der Zugehörigkeiten.

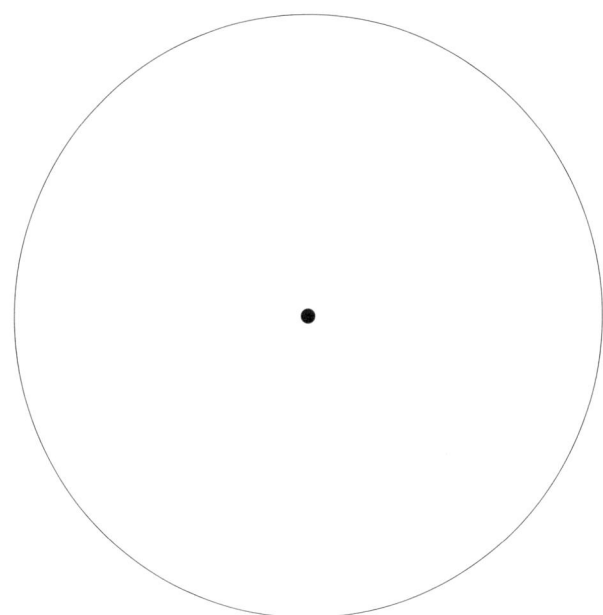

📖 *Aufgabe: Zugehörigkeit, Qualität und Gesundheit*
Tauschen Sie sich im Anschluss mit Kollegen und Kolleginnen, Freunden, Familienmitgliedern und Bekannten über Ihre Zugehörigkeiten aus. Tragen Sie diese und die Qualitäten, die Sie damit verbinden, in Arbeitsblatt M8 AB 1 ein. Beantworten Sie auch die Frage, wie die jeweilige Gruppenzugehörigkeit zu Ihrer Gesundheit beiträgt.
✏ Tragen Sie Ihre persönlichen Ergebnisse aus der Diskussion in die Tabelle ein.

Übung 2: Interkulturelle Kompetenzen

💡 *Reflexion: Meine interkulturellen Kompetenzen*
Welche interkulturellen Kompetenzen haben Sie?
✎ Denken Sie darüber nach und füllen Sie das Arbeitsblatt M8 AB 2 aus. Orientieren Sie sich dabei an dem Kompetenzmodell nach Bolten 2007, dargestellt auf Seite 108.

Übung 3: Inter- und Transkulturalität

💡 *Reflexion: Inter- und transkulturelle pädagogische Konzepte in der Organisation*
Reflektieren Sie erst in Einzelarbeit, anschließend mit Ihrem Team, welche interkulturellen und transkulturellen Konzepte der Pädagogik Sie kennen, von welchen Sie schon einmal in Ihrem Arbeitsbereich oder auch im Studium gehört haben.

Überlegen Sie anschließend, wo Sie methodische Ansätze interkultureller bzw. transkultureller Pädagogik in Ihrer Organisation feststellen können. Gibt es welche, die Sie bereits umsetzen? Wenn ja, wie sieht das in der Praxis konkret aus?

Vergegenwärtigen Sie sich anschließend die Begriffe, die Sie in der Tabelle im Theorieteil (S. 110) sehen, und finden Sie dafür Anwendungsbeispiele aus Ihrer Organisation. Es kann natürlich auch vorkommen, dass sich interkulturelle und transkulturelle Ansätze in der Anwendung überlappen und Sie beide Aspekte in Ihrer Organisation vorfinden. Dann ist es wichtig zu schauen, welche überwiegen.

Zur Verdeutlichung lesen Sie einige Beispiele: Die Aussagen von pädagogischen Fachkräften in pädagogischen Einrichtungen in Norddeutschland sind Beispiele für den Zusammenhang interkultureller und transkultureller pädagogischer Konzepte (in Anlehnung an Treichel 2011).

> Wenn es in unserer Schule beispielsweise um Konflikte zwischen Angehörigen unterschiedlicher kultureller Gruppen geht, versuchen wir, als Lehrer zu vermitteln. Dann schauen wir genau darauf, dass wir die Schüler, die im Konflikt sind, erzählen lassen, wie der konflikthafte Aspekt normalerweise in ihrer eigenen Kultur behandelt und gesehen wird. Wir erweitern somit das kulturelle Wissen aller Beteiligten und nutzen die Situation, um Neues von anderen Kulturen zu lernen.

Diese Aussage verweist auf einen »interkulturellen« pädagogischen Ansatz, da hier die Differenz, die Andersartigkeit, das Fremde und der Austausch betont werden. Gleichzeitig wird dargestellt, dass ein Konfliktfall als *Training* für die involvierten Personen gewählt wird und als Quelle, neues Wissen über andere Kulturen zu erlangen. Die Erweiterung des *Wissens* ist somit wichtig.

> In interkulturellen Konflikten in unserem Kindergarten ist es manchmal schwierig, da Eltern von Kindern mit Migrationshintergrund den Kindern zu Hause nicht beibringen, dass sie mit Messer und Gabel essen sollen. In unserem Kindergarten haben wir es uns daher zur Aufgabe gemacht, das zu übernehmen. Wir schauen dann immer: Was können wir beim Kind alles entwickeln und fördern, so dass es in vielfältigen Lebenslagen zurecht kommt – denn die Potenziale hat dazu ja jeder Mensch ...

In dieser Aussage wird einerseits ein interkultureller Ansatz angesprochen, da hier zwischen Kindern mit und ohne Migrationshintergrund unterschieden wird (Differenzgedanke). Gleichzeitig wird auf ein universalistisches Konzept der *Entwicklung der Potenziale* von Menschen zurückgegriffen. Die Kompetenzen und die Möglichkeit zur Transformation und Lösungsorientierung stehen im Vordergrund und verweisen auf einen transkulturellen gedanklichen Ansatz.

Aufgabe: Entwurf eines Entwicklungsplans
- Betrachten Sie nun Ihre eigene pädagogische Organisation, das Leitbild, die Strukturen und die Auffassungen, die Menschen in der Organisation vertreten, und reflektieren Sie diese nach den gegebenen Beispielen. Verwenden Sie dazu die Tabelle auf Seite 110 (Treichel 2011).
- Diskutieren Sie anschließend, was Sie hinsichtlich gelebter Inter- bzw. Transkulturalität in Ihrer Organisation verändern möchten.
- Entwerfen Sie schließlich einen Entwicklungsplan mit der Überschrift: *Von der interkulturellen zur transkulturellen pädagogischen Organisation*.

Nachdem die inter- bzw. transkulturellen Aspekte der Organisation reflektiert wurden, wenden wir uns dem interkulturellen Curriculum zu.

Das interkulturelle Curriculum
Nach Hinz-Rommel (1994, S. 68) ist es wichtig, nicht nur auf individuelle Entwicklung kulturellen Bewusstseins von Mitarbeitern zu blicken, sondern auch das institutionelle bzw. politische Bewusstsein der Organisation zu hinterfragen. Ein »interkulturelles Curriculum« soll seiner Meinung nach folgende Aspekte berücksichtigen:
1. Grundlagenwissen:
   Migration, multikulturelle Gesellschaft, Sozialisation, Sprachentwicklung/ Zwei- und Mehrsprachigkeit, Identitätsentwicklung, Länder-/Kulturkunde, Vorurteile/Rassismus, Ausländergesetz, pädagogische Konzepte, Religion
2. Persönliche und fachliche Kompetenzen und Einstellungen:
   Einfühlungsvermögen/Empathie, Selbstreflexion, Offenheit, Kooperationsfä-

higkeit, Toleranz, Konfliktfähigkeit, Fantasie/Experimentierfreude, kommunikative Kompetenz
3. Methoden und Fertigkeiten:
Theatralische Darstellung, Projektmethode, Sprachförderung, Musik und Rhythmik aus verschiedenen Kulturen, zweisprachiges Erzählen, Spiele aus verschiedenen Kulturen, Feste aus verschiedenen Kulturen, Handwerk aus verschiedenen Kulturen
4. Praktische Auslandserfahrung:
Praktikum, Hospitationen, Studienfahrt für Fachkräfte …, multilaterales Seminar für Fachkräfte …
5. Sprachkenntnisse:
Sprachkenntnisse in einer Fremdsprache auf Konversationsniveau

Übung 4: Ein interkulturelles Curriculum

📖 *Aufgabe: Das interkulturelle Curriculum in unserer Organisation*
Welche Bereiche decken Sie in Ihrer pädagogischen Institution bereits ab und welche wollen Sie zukünftig ausbauen. Diskutieren Sie, wie die spezifischen Inhalte in Ihrer Institution und in Ihrem Team umgesetzt werden könnten.
✏ Nutzen Sie dazu die Tabelle M8 AB 3.

Übung 5: Das Team-Ombuds-Modell (tOm) zur Förderung von Gesundheit und Transkulturalität in Schulen

In vielen pädagogischen Einrichtungen existieren mittlerweile Programme zur Gesundheitsförderung, die auch die Transkulturalität immer mehr in den didaktisch-pädagogischen Modellen berücksichtigen. Das Team-Ombuds-Modell ist ein solches Modell, das zum Ziel hat, Transkulturalität zu fördern. *tOm* kann helfen, die Gesundheitsressourcen der Lernenden zu stärken und die Verstehbarkeit, Handhabbarkeit und Bedeutung (Kohärenzgefühl) des eigenen Handelns zu steigern sowie neue Lern- und Lehrparadigmen unter Beibehaltung *der formalen Anforderungen* des Systems Schule zu implementieren (Boness, Hoffmann, Koch 2003; Boness 2005). Die Besonderheit dieses Modells besteht darin, dass die Vielfalt der Gruppe (Transkulturalität) zum Gegenstand des gegenseitigen Lernens gemacht werden soll. *tOm* beinhaltet die Arbeit mit Teams, die aus Ombuds, Postmaster, Lerner und Leitung bestehen. Ombuds sind die Vertrauenspersonen der Teams und gleichzeitig der Leitung. Postmaster bilden die Kommunikationszentren zwischen Teams, Lernern und Leitung. Somit bilden Teams, Ombuds, Postmaster, Lerner und Leitung ein Netzwerk gruppenstrukturell ausdifferenzierter Beziehungen (Boness 2011). Im *tOm* wird besonders viel Wert auf die

Bewusstwerdung und Beachtung kultureller Aspekte gelegt. Besonders in der Arbeit mit Teams werden kulturelle Themen besprochen, kulturspezifischen Verhaltensweisen sowie dem Umgang mit unterschiedlichen Mutter- und Zweitsprachen wird Raum gegeben (Mayer u. Krause 2010). *tOm* orientiert sich an demokratischen Grundprinzipien. Die Leistungsbewertung und Noten werden in Zusammenarbeit von allen Beteiligten festgelegt. Ombuds sind dazu da, um zwischen Teammitgliedern und Leitung zu vermitteln und Hilfestellung zu geben.

Reflexion: tOm in unserer Organisation
Reflektieren Sie, wie Sie *tOm* in Ihrer Organisation einsetzen könnten. Oder gibt es einen solchen Ansatz vielleicht sogar schon? Wo liegen Herausforderungen dieses Modells, wo Stärken, wo Schwächen?

M8 Zusammenfassung und Aufgaben zur Wiederholung

Interkulturelle sowie transkulturelle Kompetenzen sind wichtige Ressourcen im Umgang mit kultureller Vielfalt im pädagogischen Arbeitsfeld. Sie dienen als Schlüsselkompetenzen dazu, mit Heterogenität und Vielfalt, mit Differenzen und Gemeinsamkeiten umzugehen. Interkulturelle und transkulturelle Kompetenz sind eng verbunden mit der Identität, mit den eigenen kulturellen Prägungen und der Fähigkeit, mit kultureller Ambiguität im globalisierten pädagogischen Alltag selbstbewusst und selbstsicher umgehen zu können. Die Bewusstwerdung der eigenen transkulturellen Kompetenzen und die Möglichkeiten, pädagogische Settings transkulturell zu gestalten, tragen schließlich zu einem erhöhten Wohlgefühl und zum Aufbau gesunder pädagogischer Organisationen bei.
    Beantworten Sie folgende Fragen:
- Welches sind die Schlüsselkompetenzen in interkulturellen bzw. transkulturellen Kompetenzmodellen?
- Wie unterscheiden sich interkulturelle und transkulturelle Konzepte?
- Welche Aspekte beinhaltet das interkulturelle Curriculum?

Füllen Sie den Fragebogen zur (Selbst-)Evaluation aus (Anlage, A1).

Modul 8: Die Gesundheitsressource *Transkulturelle Kompetenz*

✏ *M8 AB 1: Zugehörigkeit, Qualität und Gesundheit*

Gruppenzugehörigkeit	Qualitäten dieser Zugehörigkeit	Beitrag zur persönlichen Gesundheit

✏ M8 AB 2: *Interkulturelle Kompetenzen*

Welche interkulturellen Kompetenzen bringen Sie persönlich für die pädagogische Arbeit mit?

- Interkulturelle Fachkompetenzen

- Interkulturelle strategische Kompetenzen

- Interkulturelle soziale Kompetenzen

- Interkulturelle individuelle Kompetenzen

- Interkulturelle und kulturspezifische Kompetenzen und Erfahrungen

- Welche Kompetenzen bringen Sie noch mit, die Sie als Fach- bzw. Führungskraft in der interkulturellen Pädagogik geeignet sein lassen?

✏ *M8 AB 3: Das interkulturelle Curriculum*

Bereich	Inhalte	praktische Umsetzung	erfüllt (ja) / nicht erfüllt (nein)
Grundlagenwissen			
Kompetenzen			
Methoden			
Auslandserfahrung			
Sprachkompetenzen			

Modul 9: Die Gesundheitsressource
Stressmanagement

M9 Ablauf

Ziele	Verlauf	Methodisch-didaktische Umsetzung	Material
Einführung in die Thematik Stress	Was ist Stress? Welche Erfahrungen haben die Teilnehmer/-innen mit Stress?	*Vortrag, Lektüre und Diskussion* Sammeln der Erwartungen und Erfahrungen	M9 Theorie Flipchart
Stressoren auf unterschiedlichen Ebenen erkennen und Belastungen im pädagogischen Alltag reflektieren	*Übung 1*: Stress und Belastungen	*Aufgabe:* Zuordnung von Stressoren zu Kategorien *Reflexion:* Bedeutung von Stressoren im Alltag *Aufgabe:* Belastungen im Schulalltag	M9 AB 1 M9 AB 2 M9 AB 3
Stresssymptome erkennen und systematisieren	*Übung 2*: Stresssymptome	*Aufgabe:* Meine Stresssymptome	M3 AB 1
Klärung der Frage: Wie entsteht Stress? Zusammenhang von Stress, Persönlichkeit und Organisation verstehen	*Übung 3*: Stresserleben	*Anwendung:* Stress in der Schule *Reflexion:* Belastende Gedanken und Überzeugungen *Aufgabe:* Stress und Persönlichkeit *Aufgabe:* Stresserleben in der Organisation	M9 AB 4 M9 AB 5
Reflektieren der eigenen Stressbewältigungsstrategien und Nachdenken über weitere Möglichkeiten von Stressabbau	*Übung 4*: Stressmanagement	*Reflexion:* Meine Bewältigungsstrategien *Entspannung* als Stressbewältigung *Aufgabe:* Empfindungen nach Entspannungsübung *Aufgabe*: Zeitmanagement zur Stressbewältigung	Anhang, A9 Weitere: Anhang A5, A6, A10, A11
Abschlussrunde	Zusammenfassung und Aufgaben zur Wiederholung	Wiederholung, Gruppen- und/oder individuelle Auswertung	Fragebogen

M9 Lernziele

In Modul 9 werden die Entstehung von Stress und seine Auswirkungen sowie die Möglichkeiten zur Stressbewältigung diskutiert. Es wird untersucht, welche Stressoren im pädagogischen Alltag vorkommen und wie der Einzelne bzw. das Team damit umgehen. Die vorgestellten Übungen sollen helfen, Stressoren zu erkennen, Strategien zur Stressbewältigung zu erproben und pädagogische Situationen stressfrei zu gestalten.

M9 Theorie

Stress und Gesundheit
Das englische Wort Stress bedeutet Druck, Spannung oder Beanspruchung und wird in der Psychologie als eine den Menschen beanspruchende und einengende Leistungsanforderung verstanden.

Jeder Mensch wird im Alltag konfrontiert mit Situationen, in denen das Gefühl einer besonderen, manchmal sehr plötzlichen und manchmal länger andauernden Belastung oder auch Bedrohung erlebt wird. Das war auch schon bei unseren Vorfahren so, die noch als Jäger und Sammlerinnen durch die Natur streiften und sich umsichtig vor Gefahren, insbesondere vor angreifenden Tieren, schützen mussten. Sie lernten jedoch, sich bei akuter Gefahr durch geschicktes Flucht- oder Angriffsverhalten aus der Gefahrenlage zu retten. Im Laufe der Evolution haben die Menschen Mechanismen entwickelt, die die besten Überlebensmöglichkeiten in Notfallsituationen bieten.

Auch in unserer Gegenwart sind wir solchen Situationen ausgesetzt, wobei relativ selten unsere leibliche Existenz in Gefahr ist. Viel häufiger leidet der moderne Mensch unter Belastungen, die ihn psychisch unter Druck setzen, denken Sie nur an Prüfungen oder an die tägliche Anspannung, die sich aus Ihrer Tätigkeit ergibt, insbesondere dann, wenn Konflikte mit Kollegen oder Konflikte mit Eltern bzw. Schülern länger andauern. Normalerweise ist der menschliche Organismus in der Lage, die Stressanforderung, den Stressor, zu bewältigen, indem er seine Kräfte mobilisiert, um die entstehenden Spannungen abzubauen. Das ist sehr gut an der zunehmenden psychophysiologischen Aktivität zu erkennen: z. B. der Beschleunigung von Atmung und Herzschlag, Verengung der Blutgefäße und Ansteigen des Blutdrucks. Die Muskeln öffnen die Wege durch Hals und Nase, um mehr Luft in die Lunge zu lassen, und an die Eingeweidemuskulatur ergeht die Botschaft, bestimmte Körperfunktionen, wie z. B. die Verdauung, einzustellen. In diesem Alarmzustand ist der Mensch in der Lage, sich voll und ganz auf die Bewältigung der Situation zu konzentrieren. Ist die Gefahr vorbei bzw. die

Belastung bewältigt, dann kann der Körper seine Funktionen wieder in den Normalzustand zurückfahren. Wenn nun aber solch ein Zustand andauert, der Mensch im Spannungszustand bleibt, dann kann das durchaus gefährlich werden: Jetzt gerät er tatsächlich in Stress, die Stressreaktion wird chronisch und führt schlimmstenfalls zu Krankheiten oder sogar zum Tode, zumal die Stresshormone selbst die Wirkung der körpereigenen Abwehrkräfte verhindern.

Die Bewältigung von Stress gelingt mehr oder weniger erfolgreich, was von den bisherigen Erfahrungen des Einzelnen und schließlich vom Kohärenzgefühl abhängt. Menschen mit einem starken Kohärenzgefühl gelingt es meist besser, den Spannungszustand abzubauen oder eine belastende Anforderung sogar zum eigenen Vorteil zu nutzen, als das Menschen mit einem schwachen Kohärenzgefühl gelingt.

Der Bewältigungsprozess selbst beginnt mit der Bewertung des Ereignisses und der Entscheidung darüber, ob es sich tatsächlich um einen Stressor handelt. Erst wenn das Geschehen als Belastung oder auch Herausforderung eingeordnet wird, beginnt der Prozess des Bewältigungsversuchs. Schon auf dieser Stufe ist recht gut zu erkennen, dass eine Person mit einem starken Kohärenzgefühl die Situation eher als Herausforderung denn als Belastung erlebt und sie als verstehbar und bewältigbar einordnet. Beim nächsten Schritt, der Suche nach geeigneten Lösungen zum Spannungsabbau, werden das Wissen um die zur Verfügung stehenden Ressourcen (z.B. die Gewissheit, dass die Kolleginnen helfen würden) und die Überzeugung von der Bedeutsamkeit des eigenen Handelns helfen, mit dem Geschehen situationsgerecht umzugehen.

Wie entsteht Stress?
Stress ist eine angeborene Reaktion, die es Menschen ermöglicht, sich auf die wechselnden Lebensumstände einzustellen und in herausfordernden Situationen schnell zu reagieren, ursprünglich normalerweise mit Angriff oder mit Flucht. In Stresssituationen wird demnach in kürzester Zeit der Körper aktiviert, um schnellstmöglich zu reagieren und somit die Existenz zu sichern.

Auch im modernen Arbeitsleben kommt es zu Stresssituationen, die häufig eher psychisch als körperlich belastend sind. Zwischenmenschliche Konflikte, Leistungsdruck oder Arbeitsüberforderung können Stress auslösend sein. Werden die Stressoren dauerhaft als Stress erlebt, so agiert der Körper dauerhaft auf vollen Touren. In der Folge reagieren Körper und Geist mit Stresssymptomen, die, wenn sie nicht beachtet werden, Krankheiten hervorrufen können.

Stresssymptome
Bei einer Person, die »im Stress ist«, verändern sich – wie oben schon gesagt – körperliche Funktionen, es verändert sich die psychische Befindlichkeit, es ver-

ändern sich die Gedanken, Gefühle und Vorstellungen, und es verändert sich das Verhalten. Diese Veränderungen sind an Symptomen, die im Folgenden beschrieben werden, zu erkennen:
- *Körperliche Symptome:* Gefühl von Enge, beschleunigte Herzfrequenz und Atmung bzw. Kurzatmigkeit, beschleunigter Pulsschlag, Herzstiche, weiche Knie, Schlafstörungen, Magen-Darm-Beschwerden, Rücken- oder Nackenschmerzen, Schwitzen oder auch Frieren.
- *Psychische Symptome:* Angst und Nervosität, Niedergeschlagenheit, Konzentrationsschwächen und Schlafstörungen.
- *Verhaltenssymptome:* Flucht oder Angriff, Meiden von Stress auslösenden Situationen, gereiztes Verhalten gegenüber anderen Personen, auffällige Bewegungen wie Fingertrommeln, Zähneknirschen, Fußwippen und anderes.

Stress in pädagogischen Kontexten
Betrachtet man unterschiedliche pädagogische Kontexte, so zeichnen sich im Schulkontext Stresssymptome bei Schülerinnen und Schülern besonders deutlich ab und sind auch vielfältig untersucht worden (Seiffge-Krenke 2006; Seiffge-Krenke, Lohaus 2007). Schulstress zeigt sich bei Kindern z. B. in Symptomen wie Übelkeit, Erbrechen, Kopfschmerzen, Durchfall oder Klagen über Leibschmerzen schon morgens vor der Schule. Ferner können Essprobleme und Schlafstörungen auftreten. Diese Ängste können unterschiedliche Gründe haben, wie z. B. die schlechte Behandlung durch Mitschüler/-innen oder die Ablehnung durch Lehrer/-innen. Ferner kann die Ursache in der Überforderung durch den schulischen Leistungsanspruch und -druck liegen. Da Schulleistungen immer offengelegt werden (durch Noten, durch die Reaktionen und Bewertungen der Lehrkräfte, durch Aufrufe und Antworten vor der Klasse usw.) ist Leistungsangst häufig auch mit sozialen Ängsten verbunden.

Oftmals benennen die Kinder jedoch ihre Ängste nicht direkt und in den pädagogischen Organisationen ist wenig bekannt darüber, welch hohen Stress Kinder und Jugendliche in pädagogischen Einrichtungen (Schulen, Horte, Jugendtreffs) erleben.

Aber nicht nur Kinder haben Angst in pädagogischen Einrichtungen, sondern auch die pädagogischen Fachkräfte leiden unter Stress und Ängsten. Vor allem dann, wenn die hohen Leistungsanforderungen, der starke Zeitdruck und die vielfältigen komplexen Aufgaben, die sich eben nicht nur auf die fachliche Seite der Tätigkeit beschränken, zu einer ständigen Überforderung werden und außerdem wenig Rückhalt und Akzeptanz im Kollegium und/oder seitens der Leitung vorhanden ist. Wer nicht mehr gern zu seiner Arbeit geht, wer Angst vor dem kommenden Tag hat und sich nicht mehr wohlfühlt in seinem Beruf und in seinem Kollegium, befindet sich in einem Dauerzustand von Anspannung. Das kann dazu führen, dass

- Konzentration, Aufmerksamkeit und Reaktionsgeschwindigkeit abnehmen,
- Zerstreutheit und Gedächtnisschwächen zunehmen,
- Fehlerhäufigkeit, Täuschungen und Denkstörungen zunehmen,
- Organisationsfähigkeit und die Fähigkeit, langfristig zu planen, abnehmen,
- Gereiztheit, Unwohlsein, Schlafstörungen, Infektionen und andere Erkrankungen zunehmen.

Stressbewältigung
Stress kann bewältigt werden, indem die persönliche Situation und das Problem analysiert werden, Methoden zur aktiven Entspannung und Stressbewältigung erlernt und langfristig Strategien zur Stressbewältigung erworben werden. Durch Maßnahmen zur Förderung der psychischen Gesundheit könnten und sollten in pädagogischen Einrichtungen die personalen Schutzfaktoren (vor allem das Selbstwert- und Zugehörigkeitsgefühl) gestärkt werden, so dass für den Umgang mit Stressoren eine gute Basis vorhanden ist. Denn wer seinen eigenen Stärken vertraut, wird bei Misserfolgen nicht so schnell resignieren.

Im Stressmanagement wird zwischen kurzfristigen und langfristigen Strategien des Stressabbaus unterschieden (Krause 2008).

Zu den kurzfristigen Strategien zählen:
- Wahrnehmungslenkung (Aufräumen, Abwaschen, Spazierengehen, Blumengießen, sich mit anderen Dingen beschäftigen, Sport treiben, Telefonieren etc.);
- Spontane Entspannungsstrategien (Musik hören, Lesen, Essen, Trinken, Entspannungsübungen, ein Bad nehmen etc.);
- Positive Selbstgespräche (»Ich schaffe das«, »Das wird schon klappen« etc.);
- Körperliche Betätigung / Abreagieren (Sport treiben, mit der Faust auf den Tisch schlagen, weinen, schreiben, tanzen).

Langfristige Strategien des Stressmanagements können beinhalten:
- Entspannungsübungen (Autogenes Training, Yoga, Tai-Chi, Progressive Muskelentspannung);
- Veränderung der Grundeinstellungen (positives Denken, Gelassenheit trainieren, Ruhe bewahren);
- Zeitmanagement (bessere Arbeitsplanung, Pausen, Arbeitsabläufe organisieren, Termine reduzieren, Zeitpuffer einplanen);
- Kontakte (Zeit für soziale Kontakte einplanen, Familie und Freunde besuchen, Freizeitaktivitäten ohne Freizeitstress);
- Zufriedenheitserlebnisse (lernen, sich zu freuen, sich selbst loben und belohnen, Erfolge realisieren);
- Problemlösungsstrategien anwenden (Gespräche führen, Ursachen ergründen, Regeln aufstellen, professionelle Hilfe aufsuchen).

M9 Übungen

Übung 1: Stress und Belastungen

Stressoren sind Anforderungen, die einen Spannungszustand erzeugen. Menschen sind im Alltag zahlreichen Stressoren ausgesetzt. Diese lassen sich in vier Kategorien unterteilen: soziale, körperliche und psychische Stressoren.

📖 *Aufgabe: Zuordnung von Stressoren zu Kategorien*
✏ Ordnen Sie die folgenden Stressoren der jeweiligen Kategorie in der Tabelle (M9 AB 1) zu. Sie können gern weitere Stressoren hinzufügen: Lärm, Hunger, Behinderung, zwischenmenschliche Konflikte, Kälte/Hitze, Konkurrenz, Fehlernährung, Überforderung, Unterforderung, Prüfungen, Trennungen, Verluste, Abschied, Zeitmangel, Verletzungen, Isolation, Leistungsdruck, Bewegungsmangel, räumliche Enge, Kontaktlosigkeit, Einsamkeit, Krieg, Informationsflut, Kriminalität, Armut, Wasserknappheit, Essstörungen, Süchte, Operationen.

💡 *Reflexion: Bedeutung von Stressoren im Alltag*
Überlegen Sie, welchen Stressoren Sie in Ihrem persönlichen und beruflichen Alltag ausgesetzt sind. Die einzelnen Stressoren beeinflussen in unterschiedlicher Stärke Ihren Alltag, d. h. manche haben eine große Bedeutung für Ihr Wohlbefinden, andere eine geringere.
✏ Schreiben Sie die Stressoren auf (M9 AB 2) und vergeben Sie Punkte (1 bis 6) nach Stärke: 1 = sehr starker Stressor, 6 = sehr schwacher Stressor. Diskutieren Sie in Ihrem Kollegium/Ihrem Team, welchen Stressoren Sie am Arbeitsplatz ausgesetzt sind. Finden Sie Gemeinsamkeiten und Unterschiede im Wahrnehmen und Erleben von Stressoren im beruflichen bzw. privaten Alltag.

📖 *Aufgabe: Belastungen im Schulalltag*
Betrachten Sie die Belastungen, denen Sie im Berufsalltag in der Schule ausgesetzt sind (M9 AB 3). Sollten Sie in einem anderen pädagogischen Kontext arbeiten, passen Sie die Belastungen/Stressoren an Ihren Berufsalltag an.
✏ Ergänzen Sie die Stressoren, die aus Ihrer Sicht noch fehlen. Geben Sie jeweils den Grad der Belastung (hoch, mäßig, gering) an.

Übung 2: Stresssymptome

📖 *Aufgabe: Meine Stresssymptome*
Im Folgenden sollen Stresssymptome in das Körperbild (M3 AB 1) eingezeichnet werden. Sie haben bereits im Modul 3 (S. 46f.) mit diesem Körperbild gearbeitet. Schauen Sie nach, ob die bereits eingezeichneten Schwächen bzw. Schmerzen mit Ihren Stresssymptomen identisch sind. Sie können jetzt gern ergänzen. Unterscheiden Sie auch zwischen körperlichen und seelischen Stresssymptomen.

Übung 3: Stresserleben

🔔 *Anwendung: Stress in der Schule*
In der folgenden Tabelle sehen Sie Forschungsergebnisse einer Umfrage bei Viertklässlern einer Grundschule zum Stresserleben. 76 Kinder haben angegeben, welche Stressoren ihnen am meisten Sorge bereiten.

Ich habe Stress, wenn …/mit …	n
Streit mit den Eltern	20
Streit/Gewalt mit den Geschwistern	16
Streit mit den Großeltern/Verwandten	3
Arbeiten im Hause/für die Familie	24
Hausaufgaben	29
Klassenarbeiten/schlechte Noten	14
Lehrer	3
Ärger in der Schule	6
Streit mit/Hänseln von Mitschülern	12
frühes Aufstehen	12
Leistungsdruck	14
Streit mit Freunden	6
Termine/Zeitdruck	34
Sport am Nachmittag	22
Musikunterricht	4
Angst	2
Alleinsein/Langeweile	4
wenn etwas nicht funktioniert	4
Sonstige Einzelaussagen: nichts; ausrücken; warten; Stress; das Leben; alles; Lärm; Hektik; Nudeln; Studenten; Sterne; Entspannung; Videospiele; behindert sein; Bahnfahrer	15

Quelle: Krause 2008, S. 100

Diskutieren Sie diese Ergebnisse mit den Kollegen und Kolleginnen. Sollten Sie nicht in einer Schule mit Kindern dieser Altergruppe arbeiten, führen Sie diese Befragung mit den Kindern oder Jugendlichen in Ihrer Einrichtung doch selbst einmal durch. Lassen Sie die Teilnehmenden einschätzen, wer oder was ihnen am meisten Stress bereitet und wie sie damit umgehen.

Reflexion: Belastende Gedanken und Überzeugungen
Stresserleben wird in einem hohen Maße durch Vorstellungen und Gedanken, durch Überzeugungen und Grundannahmen unterstützt, wie z. B. (Krause 2008, S. 98):
- *Starke Menschen brauchen keine Hilfe.*
- *Ich bin vom Pech verfolgt.*
- *Ich muss besser sein als die anderen.*
- *Es ist wichtig, dass mich alle mögen.*
- *Ich mache immer alles falsch.*
- *Ich bin für alles verantwortlich.*
- *Auf andere kann ich mich nicht mehr verlassen.*
- *Ich bin an allem schuld.*
- *Wenn ich es nicht mache, macht es keiner.*

Kennen Sie solche Sätze? Wenn ja, aus welcher Situation kennen Sie diese Sätze? Versuchen Sie, diese Sätze so zu formulieren, dass Sie hilfreich für die Stressbewältigung wären (M9 AB 4).

Aufgabe: Stress und Persönlichkeit
Wie und aus welchen Gründen jemand Stress erlebt, hängt von den bisherigen Erfahrungen ab. So hat jede Person sicherlich ihre ganz persönlichen Erlebnisse mit Stress. Versuchen Sie jetzt einmal, sich selbst zu beschreiben: Wie erleben Sie Stress, welche Symptome bemerken Sie an sich, was möchten Sie verändern?

Ich und mein Stress

_____

_____

_____

_____

Überlegen Sie nun, was Sie gern verändern würden, um weniger Stress bei der Arbeit und auch im Privaten zu erleben.

Was ich verändern möchte, um weniger Stress zu haben:

_____

_____

_____

_____

 Aufgabe: Stresserleben in der Organisation
Konflikte, Ängste, Konkurrenzdruck, Konkurrenzverhalten und Mobbing können in höchstem Maße belastend sein.

Wenn solche Ereignisse als Stress erlebt und zu einem Dauerzustand werden, dann können unterschiedliche Symptome auftreten. Häufig erkennen Menschen, wenn sie unter diesen Symptomen (z. B. Bauchschmerzen) leiden, nicht, dass sie eine Folge von Stress sind.

Beobachten Sie doch einmal Ihre Kolleginnen und Kollegen, wie sie sich in anstrengenden Teamsitzungen, in Kontrollsituationen, in Gesprächen mit Leitungspersonen, in Lehrproben, an stressigen Arbeitstagen oder in Konfliktsituationen verhalten. Können Sie Symptome von Stress erkennen? Typische körperliche Symptome können sein: schwitzen, zittern, weinen, lachen, rot oder blass im Gesicht oder an den Ohren werden, sich kratzen, sich unruhig bewegen, mit den Fingern trommeln, mit dem Fuß wippen oder Ähnliches.

 Kreuzen Sie an, welche Symptome Sie erkennen (M9 AB 5). Ergänzen Sie weitere körperliche Symptome. Schreiben Sie auch auf, wann sich diese Symptome zeigen, z. B. in der Teamberatung, im Gespräch mit Kollegen oder anderen Situationen.

Sie werden an der Anzahl der Kreuze erkennen können, welche Symptome am häufigsten zu erkennen waren, und auch, in welchen Situationen viel Stress erlebt wird.

Wie reagieren Sie, wenn Menschen in Ihrem Umfeld sich so verhalten? Wann und bei wem tolerieren Sie dieses Verhalten, wann und bei wem nicht? Beziehen Sie alle Personen, die Sie in Ihrem pädagogischen Alltag treffen, mit in Ihre Überlegungen ein (Eltern, Schülerinnen und Schüler, Hausmeister, Erzieher und Erzieherinnen, Schulpsychologen und Schulpsychologinnen, Sozialarbeiter und Sozialarbeiterinnen, Führungskräfte und Leitungspersonen in der Organisation etc.).

Übung 4: Stressmanagement

Im Theorieteil (M9) sind Strategien zur kurzfristigen und langfristigen Stressbewältigung genannt worden. Zur kurzfristigen Bewältigung gehören jene Handlungen, die die Ursache eines momentan herrschenden Drucks zwar nicht beseitigen, aber einen adäquaten Umgang mit der Situation möglich machen oder die Belastung erleichtern. Um zu einer langfristig wirkenden Lösung zu kommen, müssen die Stress auslösenden Bedingungen verändert werden. Das verlangt natürlich ganz andere Strategien. Beide Arten von Bewältigungsstrategien sind jedoch hilfreich und sollten erlernt werden.

Reflexion: Meine Bewältigungsstrategien
Kehren Sie noch einmal zu Ihrem Körperbild (M3 AB 1) zurück. Überlegen Sie, welche Strategien Sie nutzen, um etwas gegen die von Ihnen eingezeichneten Stresssymptome zu tun.

Benutzen Sie Karteikärtchen und schreiben Sie je eine Strategie auf ein Kärtchen. Wenn Sie im Team arbeiten, sollten die Kärtchen der gesamten Gruppe dann eingesammelt und ausgewertet werden. Zählen Sie aus, wie oft die einzelnen Strategien genannt wurden und welche die häufigsten sind.

Sie können für diese Übung auch die Stresswaage aus dem Modul 2 (S. 39) noch einmal nutzen. Legen Sie nun auf die eine Seite Ihre Stressoren und auf die andere Seite Ihre Bewältigungsstrategien. Auf welche Seite neigt sich Ihre Waage?

Diskutieren Sie die Ergebnisse: Was fällt auf? Wurden eigentlich solche Strategien wie rauchen, Wein trinken und schreien auch genannt? Ein Glas Wein trinken, einen Krimi anschauen oder mit der Freundin ein Schwätzchen verabreden – das sind durchaus Bewältigungsstrategien, die kurzfristig die Spannung abbauen helfen können.

Entspannung als Stressbewältigungsstrategie
Entspannungsverfahren gehören sowohl zu den kurzfristigen als auch zu den langfristigen Stressbewältigungsstrategien. Oftmals helfen sie, sich kurzfristig zu entspannen, den eigenen Körper zu spüren, sich auf bestimmte Körperstellen zu konzentrieren, sie anzuspannen und wieder zu entspannen. Im Anhang, A9, wird eine Fantasiereise vorgestellt, die Sie allein oder beispielsweise mit einer Gruppe, mit Kollegen und Kolleginnen in einer Teamsitzung durchführen können. Für die Übung benötigen Sie etwa 15 Minuten. Die Punkte (…) bedeuten eine Pause von ca. 15 Sekunden.

Sie finden im Anhang (A5 / A6 / A10 / A11) auch weitere Entspannungsübungen.

📖 *Aufgabe: Empfindungen nach Entspannungsübung*
Nach einer Entspannungsübung sollten Sie in sich hinein hören und versuchen, Ihre Befindlichkeit wahrzunehmen. Vielleicht gelingt es Ihnen, diese durch ein einziges Wort auszudrücken. Welches Wort würden Sie wählen? Sie könnten z. B. das Wort »erholt« oder auch das Wort »müde« passend zu Ihrer Befindlichkeit auswählen. Fragen Sie auch die anderen Teilnehmenden, was sie nach der Übung empfinden.

📖 *Aufgabe: Zeitmanagement zur Stressbewältigung*
Die folgende Aufgabe kann dazu beitragen, langfristig Entspannung zu schaffen und Stress zu verringern.

Notieren Sie sich eine Woche lang, von Montag bis Freitag, jede Ihrer alltäglichen Tätigkeiten und deren Dauer.
Beispiel: 6.30 bis 7.30 Uhr Aufstehen, Frühstücken, …
            8.00 bis 10.00 Unterricht
            10.00 bis 11.00 Testat-Korrektur in einer Freistunde
Am Wochenende schauen Sie sich Ihre Notizen der Woche an. Beantworten Sie folgende Fragen:
- Welche Tätigkeiten würden Sie zu den entspannenden und erholsamen zählen? Wie viel Zeit haben diese insgesamt eingenommen?
- Welche Tätigkeiten würden Sie zu den anstrengenden und belastenden zählen? Wie viel Zeit haben diese insgesamt eingenommen?
- Was möchten Sie verändern?
- Erarbeiten Sie einen konkreten Zeitplan mit den Veränderungen.
- Versuchen Sie, das in der folgenden Woche umzusetzen.

M9 Zusammenfassung und Aufgaben zur Wiederholung

Stress ist ein normales und zu unserem Leben gehörendes Phänomen. Die Stressreaktion hatte ursprünglich eine wichtige Funktion, denn sie sicherte das Überleben des Menschen. Der moderne Mensch reagiert zwar noch auf die gleiche Weise wie seine Vorfahren auf Stress, jedoch sind die Gründe für das Stresserleben andere, und es fehlen häufig die dazu notwendigen Bewältigungsstrategien. Dauerstress macht krank, denn wenn Stress nicht abgebaut werden kann, bleibt der Körper in anhaltender Spannung, was er nur eine gewisse Zeit durchhalten kann. Es gibt langfristige und kurzfristige Strategien, Stress zu bewältigen und konstruktiv mit Stress umzugehen.

Beantworten Sie rückblickend folgende Fragen:
- Welche Stresssymptome gibt es?
- Welche kurzfristigen und langfristigen Stressbewältigungsstrategien kennen Sie?
- Wie kann Stress in Organisationen abgebaut werden?

Füllen Sie den Fragebogen zur (Selbst-)Evaluation aus (Anlage, A1).

M9 AB 1: Kategorien von Stressoren

Kategorien	Stressoren
Körperliche Stressoren	
Soziale Stressoren	
Psychische Stressoren	

✏ *M9 AB 2: Stressoren im Alltag*

Stressoren im Alltag (beruflicher und privater Art)		Stärke 1 = sehr stark 6 = sehr schwach
beruflich	privat	

✏ *M9 AB 3: Belastungen im Schulalltag*

Belastungen / Stressoren	Grad der Belastung		
	hoch	mäßig	gering
Lärm			
Leistungsdruck			
Zeitdruck			
Konflikte mit Schulleitung			
Kränkungen			
Erwartungen der Eltern			
Angst vor Bewertung			
Angst vor sozialer Ausgrenzung			
zu große Gruppen			
Konflikte mit Kolleg/innen			
Angst vor Lehrproben			

✎ *M9 AB 4: Belastende Gedanken*

Starke Menschen brauchen keine Hilfe.

Ich bin vom Pech verfolgt.

Ich muss besser sein als die anderen.

Es ist wichtig, dass mich alle mögen.

Ich mache immer alles falsch.

Ich bin für alles verantwortlich.

Auf andere kann ich mich nicht mehr verlassen.

Ich bin an allem schuld.

Wenn ich es nicht mache, macht es keiner.

🖉 M9 AB 5: Stresssymptome

Symptom	Feststellen des Symptoms	Wann zeigt sich das Symptom?
schwitzen		
zittern		
weinen		
hin- und her rutschen		
Lachen		
rot werden		
sich kratzen		

Modul 10: Die Gesundheitsressourcen
Bewegung und Ernährung

M10 Ablauf

Ziele	Verlauf	Methodisch-didaktische Umsetzung	Material
Einführung in die Thematik	Teilnehmer/-innen machen sich mit dem Thema vertraut	*Vortrag, Lektüre und Diskussion* Sammeln der Erwartungen und Erfahrungen	M10 Theorie Flipchart
Erkennen des Zusammenhangs von Bewegung und Gesundheit	*Übung 1*: Bewegte Kindheit	*Reflexion*: Bewegung im Kindesalter *Aufgabe*: Meine Bedürfnisse nach Ruhe und/oder Bewegung	
	Übung 2: Integrierte Lerntherapie (ILT) nach Shirley Kokot	*Entspannungsübung*: Body Tuck Roll *Entspannungsübung*: Cross-pointing walk *Anwendung*: ILT im Schulalltag	
Förderungsmöglichkeiten von Bewegung in Organisationen	*Übung 3*: Gesunde Organisationen sind bewegte Organisationen	*Reflexion*: Bewegung in der Organisation *Aufgabe*: Erstellen eines Maßnahmeplanes	M10 AB 1
Erkennen des Zusammenhangs zwischen Ernährung und Stress	*Übung 4*: Gesunde Ernährung zur Reduktion von Stress	*Reflexion*: Meine Ess- und Ernährungsgewohnheiten *Aufgabe*: Das gemeinsame Frühstück *Reflexion*: Gesunde Ernährung in unserer Einrichtung	
Abschlussrunde	Zusammenfassung und Aufgaben zur Wiederholung	Wiederholung, Gruppen- und/oder individuelle Auswertung	Fragebogen Anhang, A1

M10 Lernziele

Ob sich Kinder und Erwachsene wohl oder unwohl, entspannt oder gestresst, zufrieden oder unzufrieden fühlen, ist auch von der Ernährung und der Bewegung abhängig. Daher wollen wir uns im letzten Modul mit diesen beiden wichtigen

Säulen, die für die Gesunderhaltung von Körper, Geist und Seele grundlegende Bedeutung haben und untrennbar mit allen anderen Ressourcen verbunden sind, beschäftigen.

Es werden Übungen und Reflexionen, die leicht in den pädagogischen Alltag integriert werden können, zum Ausprobieren vorgestellt.

M10 Theorie

Bewegung und Gesundheit
Es ist nachgewiesen, dass vielfältige Bewegungen die geistige, psychisch-emotionale und soziale Entwicklung fördern. Bewegung ist ein Grundprinzip des menschlichen Lebens und ein einflussreicher Faktor für die menschliche Gesundheit. Bewegungsmangel führt zu motorischen Störungen, Lern- und Wahrnehmungsstörungen sowie zu Folgeschäden für Muskeln und Skelett. Aber auch die geistige Leistung leidet darunter, was nicht zuletzt aus der modernen Hirnforschung bekannt ist. So fand die Arbeitsgruppe des Würzburger Hirnforschers Manfred Spitzer heraus, dass sich hoher Fernsehkonsum, der u. a. auch Bewegungsmangel zur Folge hat, deutlich auf die Entwicklung von Sprach- und Lesekompetenzen bei Kindern auswirkt. Die Forscher kommen auf der Grundlage ihrer umfangreichen physiologischen und psychologischen Daten zu dem Schluss: »Wer viel Fernsehen sieht, bewegt sich weniger und liegt mehr auf der Couch, schaut eher das fragwürdige Programm von Privatsendern und hat schlechtere Noten in Deutsch. Aber damit nicht genug: Vielseher führen weniger Gespräche, sind öfters allein und verbringen weniger Zeit unterwegs, mit Musikinstrumenten oder mit Freunden« (Spitzer 2006, S. 200).

Jeder Mensch hat ganz individuelle Bedürfnisse und Motive für Bewegung und Körperarbeit, was durch die jeweils konkrete Lebens- und Arbeitssituation bedingt ist. Für Menschen mit überwiegend sitzenden Tätigkeiten ist es wichtig, dass sie zum Ausgleich aktive Bewegung haben. Hingegen kann es bei körperlich und geistig anstrengenden Tätigkeiten von Vorteil sein, dass die Person Entspannung und Ruhe findet.

Viele alltägliche Verhaltensweisen, wie Sitzen, Stehen und Liegen, wirken sich auf das Wohlbefinden und die Gesundheit aus, worüber sich die meisten keine Gedanken machen und auch nicht bewusst auf den eigenen Körper achten.

Oft schenken wir unserem Körper so lange keine Beachtung, bis er uns Beschwerden bereitet. Und selbst wenn Schmerzen auftreten, werden zumeist nur einzelne Körperpartien betrachtet, anstatt den Körper als Gesamtsystem und im Zusammenhang von Geist und Seele zu sehen.

Bewegung in pädagogischen Einrichtungen
Im Kindergarten, in der Schule und in anderen pädagogischen Handlungsfeldern gibt es inzwischen eine Reihe von Projekten zur Bewegungsförderung, weil sich die Erkenntnis, dass Bewegung für das Lernen unabdingbar ist, inzwischen durchgesetzt hat. Der Bedarf an Bewegung zum Erhalt der körperlichen Leistungsfähigkeit liegt bei Kindern bei 2 bis 3 Stunden täglich, bei Erwachsenen ungefähr 2 bis 3 Mal wöchentlich bei jeweils 60 Minuten (Krause 2008, S. 113).

So wird beispielsweise in der Schule das körperliche Wohlbefinden durch Körperarbeit und Bewegung gefördert, wenn Schüler und Lehrkräfte:
- den Körper besser beobachten und kennenlernen,
- die Besonderheiten und die Einmaligkeit des eigenen Körpers wahrnehmen,
- die sinnlichen Signale und die Sprache des Körpers verstehen,
- die Grenzen ihrer Leistungsfähigkeit wahrnehmen und berücksichtigen,
- die Fähigkeit zur Entspannung und Stressregulation ausbauen,
- den Unterschied zwischen An- und Entspannung bewusst erleben,
- Freude an der Bewegung und am Miteinander-Spielen haben,
- den Zusammenhang zwischen Körperarbeit, Bewegung und Selbstbewusstsein erkennen.

Bewegung durch Integrierte Lerntherapie (ILT)
Die *Integrated Learning Therapy* (Integrierte Lerntherapie, ILT)[1] hat das Ziel, Lernschwächen und Verhaltensauffälligkeiten vorzubeugen bzw. entgegenzuwirken. Dieses speziell für pädagogische Einrichtungen entwickelte Bewegungsprogramm hält allmählich auch in Deutschland an Schulen und in anderen pädagogischen Einrichtungen Einzug. Mit der Einführung dieses Programms – so konnte an Schulen in Südafrika empirisch nachgewiesen werden – werden die körperliche, geistige, emotionale und soziale Entwicklung von Schülern und Schülerinnen gefördert und wird Lernschwächen entgegengewirkt. Auch bei Lehrpersonal, das die Übungen täglich durchgeführt hat, konnte ein erhöhtes Konzentrationsvermögen festgestellt werden. Weiter unten (M10 Übungen) werden wir zwei Beispiele aus diesem Programm vorstellen.

---

1 Die ILT wurde von Shirley Kokot (2010) in Südafrika entwickelt. Sie wird dort heute bereits in unterschiedlichsten pädagogischen Einrichtungen, Schulen, Kindergärten, Spezialschulen für Kinder mit einem überdurchschnittlichen IQ, Förderschulen etc. angewendet und eingesetzt. ILT bezieht unterschiedliche Ansätze der Lern- und Entwicklungstheorien sowie praktische lerntherapeutische Ansätze unterschiedlicher Richtungen mit ein. Weitere Infos unter www.pctm.de.

Ernährung und Gesundheit
Die Ernährung bietet die Grundlage dafür, dass ein Körper genügend Kraft hat, sich zu bewegen. Wie die Bewegung ist auch die Ernährung ein wichtiger Faktor der körperlichen, mentalen und emotionalen Entwicklung. Ein Gehirn kann nur effektiv funktionieren und neuronale Netzwerk bilden bzw. erneuern oder festigen, wenn die Ernährung stimmt. Besonders in Stresssituationen wird viel Energie verbraucht, und falsche Ernährung würde die Anfälligkeit des Körpers für ernsthafte Störungen noch verstärken. Stimmen die Ernährungsgrundlagen, können sich Körper und Geist eher entspannen und angemessen arbeiten. Ist der Flüssigkeitshaushalt nicht ausgeglichen, führt dies zu Unwohlsein, Konzentrationsschwächen und körperlichen Beschwerden. Dabei soll vor allem Wasser, nicht Fruchtsäfte oder Limonaden, zu sich genommen werden. Zu hoher Zuckerkonsum sowie die Einnahme von vorwiegend gesättigten Fetten und Fettsäuren, Konservierungsstoffen und künstlichen Farbstoffen führen in der Folge zu Übergewicht, Diabetes und Karies. Fehlernährung kann zudem auch zu anderen Störungsbildern wie Hyperaktivität, chronischer Abgeschlagenheit und Depressionen beitragen.

Durch die gegenwärtig zu beobachtenden Veränderungen in der Esskultur (z. B. Fast-Food-Produkte) achten viele Menschen nicht mehr darauf, sich Zeit zum Essen zu nehmen und sich beim Essen wirklich auf das Essen zu konzentrieren. Manchmal wird nur noch nebenbei gegessen (beim Fernsehen oder am Computer), Familien treffen sich nicht zum gemeinsamen Essen und manchmal gehen die Familienmitglieder ohne Frühstück aus dem Haus. Da manche Kinder kein Frühstück von zu Hause mitbringen und nicht alle Schulen und Kindergärten ein warmes Mittagessen anbieten, sieht es mancherorts schlecht aus mit der Ernährung von Kindern und Lehrkräften. Da Geschäfte rund um die Uhr geöffnet sind und Nahrungsmittel zu jeder Tages- und Nachtzeit gekauft werden können, kommt es auch zu einer Art »ständigen Essens«. Es gibt immer weniger feste Esszeiten, Menschen essen dann, wenn sie Lust haben bzw. ein Hungergefühl aufkommt. Zur Folge hat dieses Essverhalten außerdem, dass die Freude am gemeinsamen Essen nicht mehr erlebt wird, dass die Esskultur verloren geht und dass die Ernährung nicht mehr vollwertig ist. Das wiederum beeinflusst die Gesundheit und hat Anteil an der Zunahme von Krankheiten.

Ernährung in pädagogischen Einrichtungen
Heute können Menschen oftmals nicht mehr wahrnehmen und einschätzen, wann sie ihrem Körper durch die Nahrungsmittelaufnahme etwas Gutes tun. Im Kindergarten, in der Schule und in anderen pädagogischen Handlungsfeldern sollte auf Ernährung geachtet werden, da das körperliche Wohlbefinden stark durch das Ess- und Ernährungsverhalten beeinflusst werden kann. Um eine

gesunde Ernährung zu gewährleisten, sollten pädagogische Einrichtungen auch die folgenden Ziele verfolgen:
- Wissen über eine gesunde Ernährung vermitteln,
- alltägliche Essgewohnheiten bewusst machen,
- Genussfähigkeit entwickeln und bewahren,
- das Vertrauen in die eigene Urteilsfähigkeit entwickeln,
- innere Körpersignale wahrnehmen und akzeptieren lehren,
- den Zusammenhang zwischen Essverhalten und Wohlbefinden bewusst erleben lassen sowie
- soziokulturelle Körperideale und innere Körperbilder überprüfen.

Pädagogische Fachkräfte sollten in ihren Handlungsräumen dafür sorgen, dass Kinder, Jugendliche, aber auch Erwachsene (wieder) erleben können, dass Ernährung und Essverhalten für Körper und Seele wohltuend sein können.

M10 Übungen

Übung 1: Bewegte Kindheit

Reflexion: Bewegung im Kindesalter
Überlegen Sie, was Sie selbst in Ihrer Kindheit am liebsten gespielt und unternommen haben. Welche Bewegungsspiele haben Sie in Ihrer Kindheit und Jugendzeit gespielt? Wie viel Raum geben Sie diesen oder anderen Bewegungsaktivitäten heute? Wodurch haben Sie evtl. die damaligen Bewegungsaktivitäten ersetzt? Welche Bewegungen haben Ihnen damals am meisten Spaß gemacht? Wie sieht es heute damit aus?

Aufgabe: Meine Bedürfnisse nach Ruhe und/oder Bewegung
Finden Sie in einem weiteren Schritt Ihre eigenen Bedürfnisse in Bezug auf Bewegung oder Ruhe heraus. Welche Bedürfnisse fallen Ihnen ein? Welche überwiegen, welche sind eher gering ausgeprägt?

Übung 2: ILT – Übungen nach Shirley Kokot

Im Folgenden sollen zwei Übungen vorgestellt werden, die im ILT-Schulprogramm enthalten sind, ohne viel Aufwand einsetzbar sind und auch von jeder Person durchgeführt werden können. Sie helfen, das Wahrnehmungs- und Bewegungssystem zu verbessern und Konzentrations- sowie Verhaltensschwierigkeiten zu überwinden. Bei regelmäßiger Anwendung können Sie so Ihr Körpergefühl und Ihr körperliches und geistiges Gleichgewicht fördern. Sobald Stressanzeichen

(Erröten der Ohren, Veränderung der Gesichtsfarbe, des Atems und Muskeltonus, Gefühle von Unwohlsein, Schwindel oder Übelkeit) festgestellt werden, sollten Übungsanzahl und Tempo reduziert werden.

Generell sollten die Übungen sehr langsam und eher in geringer Anzahl durchgeführt werden.

Anwendung: ILT im Schulalltag
Führen Sie die folgenden Übungen täglich in Ihrer pädagogischen Einrichtung durch. Sie können sich aussuchen, ob Sie sie mit Ihren Schülern und Schülerinnen oder auch mit Ihrem Kollegium durchführen. Sie können dies gut jeden Morgen vor der Arbeit, zum Unterrichtsbeginn oder auch in den sogenannten »bewegten Pausen« durchführen. Suchen Sie sich einen dafür geeigneten Platz (Turnhalle, Flur, großes Klassenzimmer, …).

Das ILT-Schulprogramm kann über den Zeitraum eines Schuljahres durchgeführt werden, bei allen Beteiligten die Körperbewegung aktiv stimulieren und somit Lernen und Wohlbefinden durchaus grundlegend positiv beeinflussen.

Entspannungsübung: Body Tuck Roll
Legen Sie sich auf den Rücken. Nehmen Sie die Knie an die Brust. Rollen sie langsam über den Rücken vor und zurück.

Ziel: Stimulation des semi-zirkulären Kanals des Vestibularsystems (Gleichgewicht). Die Gleichgewichtskanäle im Ohr werden stimuliert. Bei Personen mit Gleichgewichtsschwierigkeiten sollte die Übung anfangs evtl. nur einmal und sehr langsam durchgeführt werden.

Entspannungsübung: Cross-pointing Walk
Sie stehen und gehen mit dem Bein Ihrer dominanten Seite (Rechtshänder mit rechtem Bein, Linkshänder mit linkem Bein) vorwärts. Gleichzeitig zeigen Sie mit jeweils der gegenüberliegenden Hand auf den Fuß. Überqueren Sie mit der Hand dabei die Mittellinie des Körpers. Gehen Sie, wenn möglich, mit gleichmäßigen Bewegungen vorwärts. Wenn Sie diese Übung beherrschen, tun Sie das Ganze noch einmal im Rückwärtsgang. Sie können diese Übungen täglich für sich allein oder auch mit anderen Personen durchführen.

Ziel: Stimulation der beiden Gehirnhälften und ihrer Vernetzung, Stimulation des Gleichgewichtssinns, Stimulation der Lateralisierung des Körpers.

Übung 3: Gesunde Organisationen sind bewegte Organisationen

Organisationen, in denen die Gesundheit der Mitarbeiter/-innen von zentraler Bedeutung ist, werden als »gesunde Organisationen« bezeichnet. In der folgenden

Übung sollen Sie den Aspekt der Bewegung in Ihrer Organisation noch einmal in den Mittelpunkt der Überlegungen rücken.

💡 *Reflexion: Bewegung in der Organisation*
Setzen Sie sich mit Ihrem Team/Ihren Kollegen und Kolleginnen zusammen und erstellen Sie einen Plan bezüglich der Bewegungsmöglichkeiten und des Stellenwertes von Bewegung in Ihrer Organisation.
Beantworten Sie folgende Fragen:
- Wie wichtig ist Bewegung in unserer Organisation?
- Wann bewegt sich wer in unserer Organisation wie?
- Wie wird Bewegung von der Leitungsebene der Organisation gefördert?
- Wie fordern die Menschen, die sich in der Organisation bewegen, Bewegung ein?
- Wie viel Prozent der Tätigkeiten in unserer Organisation werden mit Bewegung ausgeführt, wie viel ohne?
- Wann könnten Sie in Ihrer Organisation die Bewegungsmöglichkeiten erhöhen?
- Wie könnten Sie die Bewegungsvielfalt erhöhen?
- Wem würde es mit mehr Bewegung in der Organisation besser, wem schlechter gehen?
- Welche Arten von Bewegung wären für wen besonders wichtig? Aus welchen Gründen?

📖 *Aufgabe: Erstellen eines Maßnahmenplans*
Nachdem Sie diese Fragen diskutiert und beantwortet haben, überlegen Sie, wie Sie Bewegung in ihre Organisation bringen könnten.
✐ Sie können die Tabelle M10 AB 1 nutzen oder auch Ihre eigenen Kategorien erstellen, die für Ihre Situation und Ihre Organisation besonders wichtig erscheinen. Sollten Sie in einem großen Team bzw. Kollegium arbeiten, so können Sie auch eine Arbeitsgruppe zur »gesunden, bewegten Organisation« einrichten, die Gesundheit in der Organisation propagiert und entsprechende Pläne zur Umsetzung entwickelt.

Übung 4: Gesunde Ernährung zur Reduktion von Stress

In pädagogischen Einrichtungen sollte darauf geachtet werden, dass alle in der Organisation tätigen Personen ausreichend Flüssigkeit zur Verfügung haben und sich gesund ernähren können. Ist dies der Fall, so können Körper und Geist auch angemessen in Stresssituationen reagieren und ihre Potenziale voll ausschöpfen, um mit den anstehenden Herausforderungen effektiv umgehen zu können.

💡 Reflexion: Meine Ess- und Ernährungsgewohnheiten
Denken Sie über Ihr eigenes Essverhalten nach.
🖉 Nehmen Sie die Tabelle M10 AB 2 zu Hilfe und führen Sie eine Woche lang Protokoll.

Anhand der Aufzeichnungen können Sie erkennen, welche Verhaltensweisen typisch für Sie sind. Sind Sie zufrieden mit Ihrem Essverhalten oder ärgern Sie bestimmte Gewohnheiten? Wie steht es um Ihr Ernährungsverhalten, wenn Sie unter Stress stehen?

📖 Aufgabe: Das gemeinsame Frühstück
Meist gibt es eine Kluft zwischen unserem Wissen über eine gesunde Ernährung und unserem Essverhalten. Vor allem für die Heranwachsenden ist es wichtig, Essverhalten zu erlernen und zu erleben, wann und wie das gemeinsame Essen Freude macht.

In manchen Schulen und Kindergärten gehört das gemeinsame Frühstück, das auch von den Kindern gemeinsam vorbereitet wird, schon zum festen Bestandteil des Alltags. Bereiten Sie zumindest einmal in der Woche solch ein Frühstück vor, zu dem jedes Kind auch etwas Leckeres von zu Hause mitbringen sollte. Nutzen Sie die Gelegenheit, die kulturellen Unterschiede beim Essen hervorzuheben und ermuntern Sie die Kinder aus Migrantenfamilien, etwas Typisches aus ihrer Familie beizusteuern.

Das gemeinsame Frühstück stärkt das Gemeinschaftgefühl und gibt Zeit und Ruhe, über Nahrungsmittel zu sprechen und das Essen zu genießen.

💡 Reflexion: Gesunde Ernährung in unserer Einrichtung
Überprüfen Sie gemeinsam mit Ihrem Team bzw. Ihren Kollegen und Kolleginnen, wie es um die gesunde Ernährung in der Organisation steht. Diskutieren Sie folgende Fragestellungen:
- Wie trägt die Organisation zu unserem gesunden Ernährungsverhalten bei?
- Welche Trink- und Nahrungsmittelangebote gibt es in der Organisation? (Gibt es beispielsweise eine Mensa, eine Kantine, einen Kiosk? Welche Getränke und Nahrungsmittelangebote stehen dort zur Verfügung?)
- Was könnte die Organisation tun, damit wir uns gesünder ernähren?
- Welche Verantwortung sehe ich in der Organisation hinsichtlich des gesunden Ernährungsverhaltens der Mitarbeiter/-innen?
- Gibt es Fortbildungen hinsichtlich gesunder Ernährungsweisen?
- Hat die Organisation Verbindungen beispielsweise zur Verbraucherschutzzentrale oder zu Organisationen des ökologischen Fairtrades? Werden solche Produkte (evtl. am Kiosk, in der Mensa) angeboten? Gibt es dazu Informationsveranstaltungen?

- Wie könnte die Organisation Fortbildungen zum Stressmanagement, zu Bewegung und Ernährung organisieren? Welche Angebote sollten die Mitarbeiter/-innen bekommen, um eine gesunde bewegte Organisation zu werden?
- Welche Ideen haben Sie darüber hinaus noch, um die Mitglieder der Organisation beim Stressmanagement zu unterstützen?

M10 Zusammenfassung und Aufgaben zur Wiederholung

Bewegung und eine gesunde, ausgewogene Ernährung sind notwendig, um Stress abzubauen und die Gesundheit von Körper, Geist und Seele zu gewährleisten.

Gezielte Bewegungsübungen und eine angemessene Ernährung können zur individuellen, aber auch zur organisationalen Gesundheit beitragen.

Vergegenwärtigen Sie sich noch einmal den wichtigen Beitrag von Bewegung und Ernährung zur Gesundheit und beantworten Sie die folgenden Fragen:
- Welche Krankheiten und Symptome können durch Fehlernährung entstehen?
- Wie kann Bewegung zur Gesundheit beitragen? Welche Bewegungen können gesundheitsfördernd sein?
- Wie können Organisationen auf Bewegung und Ernährung achten und gleichzeitig zur Gesundheitsförderung der in der Organisation Tätigen beitragen?

Füllen Sie den Fragebogen zur (Selbst-)Evaluation aus (Anlage, A1).

M10 AB 1: Maßnahmenplan

Vorschläge zur Bewegungsförderung in der gesunden Organisation	Wie sollen diese Vorschläge umgesetzt werden?	Erster Schritt zur Umsetzung

M10 Ab 2: Ernährungsprotokoll

	Mo	Di	Mi	Do	Fr	Sa	So
Was und wie viel habe ich gegessen?							
Was und wie viel habe ich getrunken?							
Wo habe ich gegessen?							
Wie lange habe ich gegessen?							
Mit wem habe ich gegessen?							
Warum habe ich gegessen?							

Notieren Sie ...

welche Essgewohnheiten Sie stören	was Sie stattdessen machen könnten

Fazit und Ausblick

Mit den zehn Modulen dieses Programms zum Training der Gesundheitsressourcen von pädagogischen Fach- und Führungskräften haben sich die Autorinnen das Ziel gesetzt, dieser Berufsgruppe sowohl für die individuelle als auch für die gemeinsame Nutzung (im Team, im Kollegium, in einer Arbeitsgruppe) ein Handwerkszeug an die Hand zu geben. Es soll Sie bei der Reflexion über Ihre Gesundheit unterstützen und Ihnen helfen, die eigenen Ressourcen und die Ihrer Kollegen und Kolleginnen zu erkennen und zu nutzen. Unser Ausgangspunkt für die Auswahl der zehn Themen der einzelnen Module waren die vielfältigen Erfahrungen, die wir bisher in Fortbildungsveranstaltungen mit pädagogischen Fachkräften, mit Lehrern und Lehrerinnen, mit Erzieherinnen und Erziehern, aber auch mit Führungskräften gewinnen konnten.

Wir haben uns bei der Gestaltung des Programms bemüht, eine gute Mischung von theoretischen Grundlagen und praktischen Übungen zu finden. Dabei kam es uns in keiner Weise auf Vollständigkeit des theoretischen Wissens an. Wir haben eine Auswahl treffen müssen. Inwieweit uns das gelungen ist, müssen Sie nun entscheiden. Eine Evaluation des Programms müsste die Frage beantworten, ob der Einsatz der Module machbar und sinnvoll ist. Besonders wichtig ist die Beantwortung der Frage nach der Wirksamkeit des Programms, inwieweit also Gesundheitsressourcen gefördert werden können. Wir würden uns sehr freuen, wenn Sie uns bei der Evaluation helfen könnten. Ein erster Schritt wäre es, uns die Fragebögen, die Sie nach jedem Modul ausfüllen, zuzuschicken. Falls Sie interessiert sind an einem Fortbildungskurs auf der Grundlage dieses Programms, evtl. auch mit ausgewählten Modulen, dann wenden Sie sich bitte an: info@kess-ev.de.

Literatur

Antonovsky, A. (1979). Health, stress and coping. San Francisco: Jossey-Bass.
Antonovsky, A. (1987). The salutogenic perspective: Toward a new view of health and illness. Advances. The Journal of Mind-Body Health, 4, 47–55.
Antonovsky, A. (1989). Die salutogenetische Perspektive: zu einer neuen Sicht von Gesundheit und Krankheit. Meducs 2, 51–57.
Antonovsky, A. (1997). Salutogenese. Zur Entmystifizierung der Gesundheit. Dt. erw. Herausgabe von A. Franke. Tübingen: Dvgt.
Auernheimer, G. (1996). Einführung in die interkulturelle Erziehung. 2. Aufl. Darmstadt: Primus.
Auernheimer, G. (Hrsg.) (2002). Interkulturelle Kompetenz und pädagogische Professionalität. Opladen: Leske + Budrich.
Augsburger, D. W. (1992). Conflict Mediation Across Cultures. Kentucky: John Knox Press.
Baltes, M. M., Silverberg, S. (1994). The dynamics between dependency and autonomy: Illustrations across the life span. In: Featherman, D. L., Lerner, R. M., Perlmutter, M. (Hg.): Life-span development and behavior. Vol. 12. Hillsdale: Erlbaum, 41–90.
Bandura, A. (1977). Self-efficacy: Toward a unifying theory of behavioural change. Psychological Review, 84 191–215.
Bauer, J., Unterbrink, Th., Zimmermann, L. (2010). Gesundheitsprophylaxe für Lehrkräfte – Manual für Lehrer-Coachinggruppen nach dem Freiburger Modell. Selbstverlag der Technischen Universität Dresden. http://www.psychotherapie-prof-bauer.de/coachinggrlehrerfreiburgermodellbaua07.pdf (letzter Zugriff: 29.10.2011)
Becker, P. (2006). Gesundheit durch Bedürfnisbefriedigung. Göttingen, Bern u. a.: Hogrefe.
Bender, D., Lösel, F. (1998). Protektive Faktoren der psychisch gesunden Entwicklung junger Menschen. In: Margraf, J. / Siegrist, J. / Neuner, S. (Hrsg.), Gesundheit oder Krankheitstheorie? Saluto- versus pathogenetische Ansätze im Gesundheitswesen. Berlin u. a.: Springer, 117–145.
Bengel, J., Strittmatter, R., Willmann, H. (2001). Was erhält Menschen gesund? Antonovskys Modell der Salutogenese – Diskussionsstand und Stellenwert. (Forschung und Praxis der Gesundheitsförderung, Band 6). Köln: Bundeszentrale für gesundheitliche Aufklärung.
Bertram, H., Kohl, S. (2010). Zur Lage der Kinder in Deutschland 2010: Kinder stärken für eine ungewisse Zukunft. Deutsches Komitee für UNICEF, Köln. http://www.unicef.de/fileadmin/content_media/presse/Betram2010/I_0010_Lage_der_Kinder_in_Deutschland_1-2010.pdf, 18.01.2011.
Ben-Sira, Z. (1985). Potency: A stress-buffering link in the coping-stress-disease relationship. Social Science and Medicine, 21, 397–406.
Besemer, C. (1997). Mediation in der Praxis. Erfahrungen aus den USA. Baden: Werkstatt für Gewaltfreie Aktion Baden.
Besemer, C. (1999). Mediation. Vermittlung in Konflikten. Stiftung Gewaltfreies Leben. Baden: Werkstatt für Gewaltfreie Aktion Baden.
Blättner, B. (2007). Das Modell der Salutogenese. Eine Leitorientierung für die berufliche Praxis. Prävention und Gesundheitsförderung, 2, 67–73.
Bolten, J. (2007). Interkulturelle Kompetenz. Landeszentrale für politische Bildung Thüringen. 2. Auflage. LZPB: Thüringen.
Bonacker, T. (2002). Sozialwissenschaftliche Konflikttheorien. Eine Einführung. Opladen: Leske & Budrich.
Boness, C., Hoffmann, A., Koch, K. (2003). Das Team-Ombuds-Modell. Eine Antwort auf fehlende Standards and divergente Erwartungen bei schulpraktischen Studien. Die Deutsche Schule. Zeitschrift für Erziehungswissenschaft, Bildungspolitik und pädagogische Praxis 2, 220–231.

Boness, C. (2005). Das Team-Ombuds-Modell (tOm©) in der Schule. Ein Angebot didaktischer Wirklichkeitskonstruktion in der gymnasialen Oberstufe. In: Hoffman-Ocon, A. / Koch, K. / Ricker, K. (Hg.): »Und sie bewegt sich doch …«. Schulentwicklung aus Forscherinnen- und Forschersicht. Göttingen: Universitätsdrucke Göttingen, 119–132.

Boness, C. (2011). Das Team-Ombuds-Modell (tOm©): Ein transkulturell-didaktischer Ansatz. In: Treichel, D., Mayer, C.-H. (2011) (Hrsg.). Lehrbuch Kultur. Lehr- und Lernmaterialien zur Vermittlung kultureller Kompetenz. Münster: Waxmann, 348–355.

Dadder, R. (1987). Interkulturelle Orientierung: Analyse ausgewählter interkultureller Orientierungsprogramme. Saarbrücken.

Datta, A. (2011). Transkulturelle Pädagogik. In: Treichel, D., Mayer, C.-H. (2011) (Hrsg.). Lehrbuch Kultur. Lehr- und Lernmaterialien zur Vermittlung kultureller Kompetenz. Münster: Waxmann, 341–348.

Deutsche Angestellten-Krankenkasse DAK (Hrsg.) (2006). Lehrergesundheit – Baustein einer guten gesunden Schule. Impulse für eine gesundheitsfördernde Organisationsentwicklung. DAK Schriftenreihe. Hamburg. http://www.dak.de/content/filesopen/Handbuch_Lehrergesundheit_06.pdf (letzter Zugriff: 29.10.2011).

Eriksson, M., Lindström, B. (2006). Antonovsky's sense of coherence scale and the relation with health: A systematic review. Journal of Epidemiology and Community Health 59, 2006, 460–466.

Filipp, S.-H. (Hrsg.) (1984). Selbstkonzeptforschung. Probleme, Befunde, Perspektiven. 1. Auflage. Stuttgart: Klett.

Filipp, S.-H., Frey, P. (1988). Das Selbst. In: Immelmann, K., Scherer, K. R., Vogel,, C., Schmoock, P. (Hrsg.). Psychologie. Grundlagen des Verhaltens. Stuttgart: Fischer, 415–454.

Franke, A., Witte, M. (2009). Das HEDE-Training®. Manual zur Gesundheitsförderung auf Basis der Salutogenese. Bern: Huber.

Fuhrer, U., Marx, A., Holländer, A., Möbes, J. (2000). Selbstbildentwicklung in Kindheit und Jugend. In: Greve, W. (Hrsg.) Psychologie des Selbst. Weinheim: Psychologie Verlags Union, 39–57.

Galert, J. (2007). Die Bedeutung der Salutogenese bei chronischen Rückenschmerzen. Ein Vergleich des Kohärenzgefühls bei Patienten ohne Rückenschmerzen und Patienten mit chronischen unspezifischen Rückenschmerzen und deren Bewältigungsstrategien. Diplomarbeit. Norderstedt: Grin Verlag.

Gesang, M., Krause, Ch. (2005). Gesundheit fördern an Grundschulen! Modellprojekt »Unsere Schule …«, IBBW Göttingen.

Fuchs, T., Trischler, F. (o. J.) Arbeitsqualität aus Sicht von Erzieherinnen und Erziehern. Ergebnisse aus der Erhebung zum DGB-Index Gute Arbeit 2007/2008 im Auftrag von Ver.di und GEW.

Glasl, F. (1997). Konfliktmanagement. Ein Handbuch für Führungskräfte, Beraterinnen und Berater. 6. Auflage. Stuttgart : Verlag Freies Geistesleben.

Goleman, D. (1995). Emotional Intelligence: Why it can matter more than IQ. New York: Bantam Books. [Deutsche Übersetzung unter dem Titel »Emotionale Intelligenz« erschienen 1995 im Carl Hanser Verlag, München, als Taschenbuch 1997 im Deutschen Taschenbuchverlag, München.]

Hammerschmidt, A. (2000). Interkulturelle Kompetenz – Theorie und Praxis. Gibt es spezifisch interkulturelle Kompetenzen? In: SIETAR Deutschland (Hrsg.), Newsletter 3/2000.

Heyse, H., Krampen, G., Schui, G., Vedder, M. (2004). Berufliche Belastungen und Belastungsreaktionen früh- versus alterspensionierter Lehrkräfte in der Retrospektive. Report Psychologie, 29, 372–379.

Hinz-Rommel, W. (1994). Interkulturelle Kompetenz. Ein Anforderungsprofil für die soziale Arbeit, Münster: Waxmann.

Holler, I. (2003). Trainingsbuch Gewaltfreie Kommunikation. Abwechslungsreiche Übungen für Selbststudium, Seminare & Übungsgruppen. Paderborn: Junfermann.

Hüther, G. (2007). Resilienz im Spiegel entwicklungspsychologischer Erkenntnisse. In: Opp, G., Fingerle, M. (Hrsg.), Was Kinder stärkt. Erziehung zwischen Risiko und Resilienz, 2. völlig neu bearb. Aufl.. München: Reinhardt, 45–56.

Jacobson, E. (2006). Entspannung als Therapie. Progressive Relaxation in Theorie und Praxis. Leben Lernen 69. Stuttgart: Klett Cotta.

Keller, H. (2011). Kinderalltag. Kulturen der Kindheit und ihre Bedeutung für Bindung, Bildung und Erziehung. Berlin, Heidelberg: Springer.

Keupp, H. (2002). Identitätskonstruktionen: das Patchwork der Identitäten in der Spätmoderne. 2. Auflage. Reinbek: Rowohlt Verlag.

Kobasa, S. C. (1979). Stressful life events, personality, and health: An inquiry into hardiness. Journal of Personality and Social Psychology, 37, 1–11.

Kokot, S. (2010). Wired to learn. Ensuring learning readiness in the school beginner. Integrated learning therapy. Wellington, South Africa: Radford House Publications.

Krause, Ch., Hannich, H.-J., Stückle, C., Widmer, C., Rohde, C., Wiesmann, U. (2000). Selbstwert stärken – Gesundheit fördern: Unterrichtsvorschläge für das 1. und 2. Schuljahr. Donauwörth: Auer.

Krause, Ch., Stückle, C., Widmer, C., Wiesmann, U. (2001). Selbstwert stärken – Gesundheit fördern. Unterrichtsvorschläge für das 3. und 4. Schuljahr. Donauwörth: Auer.

Krause, Ch., Wiesmann, U., Hannich, H.-J. (2004). Subjektive Befindlichkeit und Selbstwertgefühl von Grundschulkindern. Lengerich: Pabst Science Publishers.

Krause, Ch., Koch, K., Fütterer, J. Manning, S. (2007). Elementarpädagogik neu gestalten. Handbuch zur Weiterbildung für Erzieher/innen ab 45 Jahren. Ein Projekt im Rahmen des Beschäftigungspaktes »50plus – Erfahrung zählt« im Landkreis Göttingen. Georg-August-Universität Göttingen

Krause, Ch., Lorenz, R.-F. (2009). Was Kindern Halt gibt. Salutogenese in der Erziehung. Göttingen: Vandenhoeck & Ruprecht.

Krause, Ch. (2008). Ohne Eltern geht es nicht! Handbuch zur Durchführung eines Elternkurses im Rahmen von Gesundheitsförderung. Heckenbeck: Verlag Gesunde Entwicklung.

Krause, Ch. (2009). Das Ich-bin-ich-Programm. Selbstwertstärkung im Kindergarten mit Pauline und Emil. Berlin: Cornelsen Scriptor. Unter Mitarbeit von Greco, S., Pütt-Ivetic, L., Schneevoigt, R., Walczyk, J.

Krause, Ch., Mayer, C.-H. (2010). Gesundheitsförderung im interkulturellen Schulsetting. Zeitschrift für internationale Bildungsforschung und Entwicklungspädagogik, 33, 1, 12–17.

Krause, Ch. (2011). Gesundheit und Kultur.. In: Treichel, D. und Mayer, C.-H. (2011) (Hrsg.). Lehrbuch Kultur. Lehr- und Lernmaterialen zur Vermittlung kultureller Kompetenz. Münster: Waxmann, 141–149.

Krummacher, M. (2000). Gemeinwesenarbeit und interkulturelle Öffnung. In: Stadt Göttingen (Hrsg.), Interkulturelle Kompetenz in der Kommunalverwaltung und Gemeinwesenarbeit. Dokumentation Kommunaler Workshop. Göttingen, 161–169.

Lazarus, R. S. (1999). Stress and Emotion. A new Synthesis. London: Free Association Books.

Lloyd, S., Härtel, E. J. (2003). The intercultural competencies required for inclusive and effective culturally diverse work teams (Working paper 28/3). Melbourne: Monash University.

Mayer, C.-H. (2006). Trainingshandbuch Interkulturelle Mediation und Konfliktlösung. Didaktische Materialien zum Kompetenzerwerb. Münster: Waxmann.

Mayer, C.-H., Krause, Ch. (2010). Das Team-Ombuds-Modell: Ein didaktisches Modell zur Förderung von Gesundheit in interkulturellen Schulkontexten. Bildung und Erziehung, 6,1, 91–108.

Mayer, C.-H. (2011). The meaning of Sense of Coherence in Transcultural Management. Internationale Hochschulschriften Series. Münster: Waxmann.

Mayer, C.-H., Boness, C. (2005). Intercultural Mediation and Conflict Resolution. Stuttgart: Ibidem Verlag.

McCubbin, H. I., Thompson, E. A., Thompson, A. I. & Fromer, J. E. (1998). Stress, coping and health in families. Sense of coherence and resiliency. Thousand Oaks, CA: Sage.
Mead, G. H. (1968). Geist, Identität und Gesellschaft aus der Sicht des Sozialbehaviorismus. Frankfurt a. M.: Suhrkamp [Mind, Self, and Society. 1934].
Meierjürgen, R., Paulus, P. (2002). Kranke Lehrerinnen und Lehrer? Eine Analyse von Arbeitsunfähigkeitsdaten aus Mecklenburg-Vorpommern. Gesundheitswesen, 64, 592–597.
Metzinger, Th. (2010). Der Ego Tunnel. Eine neue Philosophie des Selbst: Von der Hirnforschung zur Bewusstseinsethik, 8. Aufl. Berlin: Berlin Verlag GmbH.
Mittermair, F. (2003). Untersuchung des salutogenen Effektes des Trainings »Die Heldenreise«. Wasserburg am Inn: Institut für Gestalt und Erfahrung [Online]. http://www.ige-training.de/pdfs/emp_untersuchung.pdf (letzter Zugriff: 25.2.2010).
Nussbaum, M. C. (2001). The fragility of goodness. Luck and ethics in Greek tragedy and philosophy (2nd ed.). Cambridge University.
Petillon, R. (1993). Das Sozialleben des Schulanfängers. Weinheim: Beltz.
Petzold, T. D. (2010). Praxisbuch Salutogenese. Warum Gesundheit ansteckend ist. München: Südwest Verlag.
Popp, F. (2004). Anmerkungen zur ›interkulturellen Kompetenz‹. Eine interdisziplinäre Schlüsselqualifikation für Interkulturelle Pädagogik und Bildung, soziale und kulturelle Arbeit sowie für Interkulturelle Kommunikation. In: Jehle, B., Kammerer, B., Unbehaun, H. (Hrsg.), Migration – Integration – Interkulturelle Arbeit, Chancen und Perspektiven der pädagogischen Arbeit mit Kindern und Jugendlichen. Nürnberg: Enwe-Verlag.
Rindermann, H. (2009). Emotionale-Kompetenz-Fragebogen, Einschätzung emotionaler Kompetenzen und emotionaler Intelligenz aus Selbst- und Fremdsicht. Göttingen: Hogrefe.
Rogers, C. (2001). Therapeut und Klient. Grundlagen der Gesprächspsychotherapie. Geist und Psyche. Frankfurt: Fischer.
Rosenbaum, M. (1988). Learned resourcefulness, stress and self-regulation. In: Fisher, S, Reason, J. (Hrsg.), Handbook of life-stress, cognition and health. Chichester: Wiley, 48–496.
Rosenberg, M. (2001). Gewaltfreie Kommunikation. Aufrichtig und einfühlsam miteinander sprechen. Neue Wege in der Mediation und im Umgang mit Konflikten. Paderborn: Junfermann.
Rosenberg, M. (2003). Erziehung, die das Leben bereichert. Gewaltfreie Kommunikation im Schulalltag.. Paderborn: Junfermann.
Rosenberg, M., Kaplan, H. B. (Eds.) (1982). Social psychology of the self-concept. Arlington Heights: Harlan Davidson, Inc.
Roth, G. (2003). Aus Sicht des Gehirns. Frankfurt a. M.: Suhrkamp.
Rutter, M. (2000). Resilience reconsidered. Conceptual considerations, empirical findings, and policy implications. In: Shonkoff, J. P., Meisels, S. J. (Eds.), Handbook of early childhood interventions. 2. Aufl. New York: Cambridge UP, 651–682.
Salovey, P., Mayer, J. D. (1990). Emotional intelligence. Imagination, Cognition, and Personality, 9, 185–211.
Satir, V. (2004). Kommunikation Selbstwert Kongruenz. Konzepte und Perspektiven familientherapeutischer Praxis. Paderborn: Junfermann.
Schaarschmidt, U. (Hrsg.) (2004). Halbtagsjobber? Psychische Gesundheit im Lehrerberuf – Analyse eines veränderungsbedürftigen Zustandes. Weinheim: Beltz-Verlag.
Schaarschmidt U., Kieschke, U. (Hrsg.) (2007). Gerüstet für den Schulalltag. Psychologische Unterstützungsangebote für Lehrer und Lehrerinnen. Weinheim: Beltz-Verlag.
Schachinger, H. E. (2002). Das Selbst, die Selbsterkenntnis und das Gefühl für den eigenen Wert. Bern: Huber.
Scheier, M. F., Carver, C. S. (1987). Dispositional optimism and physical well being: The influence of generalized outcome expectancies on health. Journal of Personality, 55, 169–210.

Schumacher, J., Wilz, G., Gunzelmann, T., Brähler, E. (2000a). Die Sense of Coherence Scale von Antonovsky. Teststatistische Überprüfung in einer repräsentativen Bevölkerungsstichprobe und Konstruktion einer Kurzskala. Psychotherapie, Psychosomatik, Medizinische Psychologie, 50, 472–482.

Schumacher, J., Gunzelmann, T., Brähler, E. (2000b). Deutsche Normierung der Sense of Coherence Scale von Antonovsky. Diagnostica, 46 208–213.

Schulz von Thun, F. (2000). Miteinander Reden. Band 1–3. Hamburg: Rororo Sachbuch.

Seiffge-Krenke, I. (2006). Nach PISA: Stress in der Schule und mit den Eltern – Bewältigungskompetenz deutscher Jugendlicher im internationalen Vergleich. Göttingen: Vandenhoeck & Ruprecht.

Seiffge-Krenke, I., Lohaus, A. (2007). Stress und Stressbewältigung im Kindes- und Jugendalter. Göttingen: Hogrefe.

Siefer, W., Weber, C. (2008). Ich. Wie wir uns selbst erfinden. München: Piper Taschenbuch.

Singer, W. (2002). Der Beobachter im Gehirn. Essays zur Hirnforschung. Frankfurt a. M.: Suhrkamp.

Singer, S., Brähler, E. (2007). Die »Sense of Coherence Scale«. Göttingen: Vandenhoeck & Ruprecht.

Spitzer, M. (2006). Nervenkitzel – Neue Geschichten vom Gehirn. Frankfurt am Main: Suhrkamp.

Spitzer, M. (2010). Medizin für die Bildung. Ein Ausweg aus der Krise. Heidelberg: Spektrum.

Sosnovsky, N. (2007). Burn-out – Kritische Diskussion eines vielseitigen Phänomens. In: Rothland, M. (Hrsg.). Belastung und Beanspruchung im Lehrerberuf. Modelle, Befunde, Interventionen. Wiesbaden: VS, 119–139.

Steiner C., Perry, P. (1997). Emotionale Kompetenz. München: Carl Hanser Verlag.

Stern, W. (1923). Psychologie der frühen Kindheit und Psychoanalyse. Zeitschrift für Pädagogische Psychologie, 4, 282–296.

Strümpfer, D. J. W. (1990). Salutogenesis: A new paradigm. South African Journal of Psychology 20, 4, 264–276.

Strümpfer, D. J. W. (1995). The origin of health and strength: From salutogenesis to fortigenesis. South African Journal of Psychology, 25, 2, 81–89.

Strümpfer, D. J. W. (2002). Psychofortology: Review of a new paradigm marching on. Psychofortoloy (in press) [Online]. Available from: http://general.rau.ac.za/psych (accessed: 31 December 2010).

Testzentrale (2009). Testkatalog 2010/2011. Göttingen: Hogrefe.

Thomas, A. (o. J.) Interkulturelle Handlungskomptenz in Theorie und Praxis. http://caktas.de/Tom/IKH_TheoriePraxis.pdf (letzter Zugriff: 25.2.2010).

Thomas, A. (2005). Psychologie interkulturellen Handelns. Göttingen: Hogrefe.

Treichel, D. (2011). Entwicklung des Kulturbegriffs in großen Sprüngen. In: Treichel, D. and Mayer, C.-H. (2011 in press) (Eds.). Lehrbuch Kultur. Lehr- und Lernmaterialen zur Vermittlung kultureller Kompetenz. Münster: Waxmann, S.,14–22.

Treichel (2011). Sozio-kulturelle und menschliche Entwicklung. In: Treichel, D., Mayer, C.-H. (2011) (Hrsg.). Lehrbuch Kultur. Lehr- und Lernmaterialen zur Vermittlung kultureller Kompetenz. Münster: Waxmann, 428–433.

Vopel, K. W. (1992). Interaktionsspiele. (Materialien für erfahrungsbezogenes Lernen). 5. Aufl., Salzhausen: iskopress.

Watzlawick, P., Beavin, J. H., Jackson, D. D. (1967). Pragmatics of Human Communica-tion. A study of Interactional Patterns, Pathologies, and Paradoxes. New York: Norton & Company, Inc. (Dt. Ausgabe: Menschliche Kommunikation: Formen, Störungen, Paradoxien. 8. Unveränd. Aufl. 1990. Bern; Stuttgart, Toronto: Huber.

Werner, E. E., Smith, R. S. (1982). Vulnerable but invincible: A longitudinal study of resilient children and youth. New York: McGraw-Hill.

WHO (1948). World Health Organization. Constitution. Genf: WHO.

Anhang

A1: Fragebogen

Datum: Ort: Anzahl der Teilnehmer/innen:

Modul:

1. Wie haben Sie das Modul durchgeführt? (Mehrfachantworten möglich)
   ❒ allein   ❒ in einem Team   ❒ im Kollegium
   ❒ in der Supervision   ❒ in einer   ❒ _____
                             Fortbildungsveranstaltung

2. Wie haben Sie sich während des Trainings gefühlt?
   ❒ zufrieden   ❒ unzufrieden   ❒ begeistert   ❒ enttäuscht
   ❒ relaxt   ❒ gestresst   ❒ geschafft   ❒ _____

3. Wie war Ihre Bereitschaft, sich auf das Thema einzulassen?
   ❒ sehr hoch   ❒ hoch   ❒ mittel   ❒ gering   ❒ sehr gering

4. Wie schätzen Sie die theoretischen Ausführungen im Modul ein?
   ❒ zu viel Theorie   ❒ zu wenig Theorie   ❒ Theorieanteil
                                              angemessen

5. Wie schätzen Sie die Übungen ein?
   ❒ sehr hilfreich   ❒ anregend   ❒ effektiv
   ❒ anstrengend   ❒ langweilig ❒ unverständlich

6. Wie ist Ihnen die Umsetzung der Übungen gelungen?
   ❒ sehr gut   ❒ gut   ❒ mittelmäßig   ❒ schlecht   ❒ sehr schlecht

7. Denken Sie jetzt noch einmal über die einzelnen Aktivitäten nach.
Was ist Ihnen besonders gut gelungen?

_____

_____

8. Was ist Ihnen nicht so gut gelungen?

_____

_____

9. Mit welchen Aktivitäten konnten die inhaltlichen Ziele besonders gut erreicht werden?

_____

_____

10. Wie könnte das Modul verbessert werden?

_____

_____

11. Versuchen Sie abschließend eine Bewertung dieses Moduls auf einer Skala von 0 bis 10 abzugeben und machen Sie an der entsprechenden Stelle ein Kreuz (0 = sehr schlecht, 10 = sehr gut).

0 ├──┼──┼──┼──┼──┼──┼──┼──┼──┼──┤ 10

Bitte schicken Sie die ausgefüllten Fragebogen an die Autorinnen des Trainingsprogramms: Zur Verbesserung des Programms sind uns Ihre Meinungen und Hinweise sehr wichtig!

Vandenhoeck & Ruprecht
z. Hd. Frau Annika Gerstenberg
37070 Göttingen

A2: Fragebogen zur Lebensorientierung (SOC)

1. Wenn Sie mit anderen Leuten reden, haben Sie das Gefühl, dass Sie nicht verstanden werden?

habe nie dieses Gefühl 1 2 3 4 5 6 7 habe immer dieses Gefühl

2. Wenn Sie in der Vergangenheit etwas tun mussten, das von der Zusammenarbeit mit anderen Menschen abhängig war, hatten Sie dann das Gefühl, es würde …

sicher nicht erledigt werden 1 2 3 4 5 6 7 sicher erledigt werden

3. Einmal abgesehen von den Menschen, die Ihnen am nächsten stehen: Wie gut kennen Sie die meisten Leute, mit denen Sie täglich zu tun haben?

sie sind Ihnen völlig fremd 1 2 3 4 5 6 7 Sie kennen sie sehr gut

4. Haben Sie das Gefühl, dass es Ihnen ziemlich gleichgültig ist, was um Sie herum passiert?

sehr selten oder nie 1 2 3 4 5 6 7 sehr oft

5. Ist es in der Vergangenheit vorgekommen, dass Sie vom Verhalten von Menschen überrascht waren, die Sie gut zu kennen glaubten?

das ist nie passiert 1 2 3 4 5 6 7 das ist immer wieder passiert

6. Ist es vorgekommen, dass Sie von Menschen enttäuscht wurden, auf die Sie gezählt hatten?

das ist nie passiert 1 2 3 4 5 6 7 das ist immer wieder passiert

7. Das Leben ist …

ausgesprochen interessant 1 2 3 4 5 6 7 reine Routine

8. Bis jetzt hatte Ihr Leben …

überhaupt keine klaren Ziele 1 2 3 4 5 6 7 sehr klare Ziele

9. Haben Sie das Gefühl, dass Sie ungerecht behandelt werden?

| sehr oft | 1 2 3 4 5 6 7 | sehr selten oder nie |

10. War Ihr Leben in den letzten 10 Jahren …

| voller Veränderungen, ohne dass Sie nicht wussten, was als Nächstes passiert | 1 2 3 4 5 6 7 | ganz beständig und klar |

11. Das meiste, was Sie in Zukunft tun werden, wird wahrscheinlich …

| völlig faszinierend sein | 1 2 3 4 5 6 7 | todlangweilig sein |

12. Haben Sie das Gefühl, dass Sie in einer ungewohnten Situation sind und nicht wissen, was Sie tun sollen?

| sehr oft | 1 2 3 4 5 6 7 | sehr selten oder nie |

13. Was beschreibt am besten, wie Sie das Leben sehen?

| Man kann für die schmerzvollen Dinge im Leben immer eine Lösung finden. | 1 2 3 4 5 6 7 | Es gibt für die schmerzvollen Dinge im Leben keine Lösung. |

14. Wenn Sie über Ihr Leben nachdenken, ist es dann sehr oft so, dass …

| Sie spüren, wie schön es ist, zu leben | 1 2 3 4 5 6 7 | Sie sich fragen, wieso Sie überhaupt leben |

15. Wenn Sie vor einem schwierigen Problem stehen, ist die Wahl einer Lösung …

| immer unsicher und schwer zu treffen | 1 2 3 4 5 6 7 | immer völlig klar |

16. Die Dinge, die Sie täglich tun, sind für Sie …

| eine Quelle tiefer Freude und Befriedigung | 1 2 3 4 5 6 7 | eine Quelle von Schmerz und Langeweile |

A2: Fragebogen zur Lebensorientierung (SOC)

17. Ihr Leben wird in Zukunft wahrscheinlich …

voller Veränderungen sein, ohne dass Sie nicht wissen, was als Nächstes passiert	1 2 3 4 5 6 7	ganz beständig und klar sein

18. Wenn in der Vergangenheit etwas Unangenehmes geschah, neigten Sie dazu …

sich deswegen aufzureiben oder innerlich „aufzuzehren"	1 2 3 4 5 6 7	zu sagen: „Nun gut, so ist es eben. Damit muss ich leben" – und weiterzumachen

19. Wie oft sind Ihre Gefühle und Gedanken ganz durcheinander?

sehr oft	1 2 3 4 5 6 7	sehr selten oder nie

20. Wenn Sie etwas tun, das Ihnen ein gutes Gefühl gibt …

dann ist es bestimmt so, dass Sie sich auch weiterhin gut fühlen werden	1 2 3 4 5 6 7	dann wird bestimmt etwas passieren, das dieses Gefühl wieder verdirbt

21. Kommt es vor, dass Sie Gefühle in sich haben, die Sie lieber nicht spüren würden?

sehr oft	1 2 3 4 5 6 7	sehr selten oder nie

22. Sie erwarten für die Zukunft, dass Ihr eigenes Leben …

ohne jeden Sinn und Zweck sein wird	1 2 3 4 5 6 7	voller Sinn und Zweck sein wird

23. Denken Sie, dass es immer Menschen geben wird, auf die Sie in der Zukunft zählen können?

Sie sind sicher, dass es die geben wird	1 2 3 4 5 6 7	Sie bezweifeln, dass es die geben wird

24. Kommt es vor, dass Sie das Gefühl haben, nicht genau zu wissen, was demnächst geschehen wird?

sehr oft	1 2 3 4 5 6 7	sehr selten oder nie

25. Viele Leute – auch solche mit einem starken Charakter – fühlen sich in bestimmten Situationen als traurige Verlierer. Wie oft haben Sie sich in der Vergangenheit so gefühlt?

sehr oft   1   2   3   4   5   6   7   sehr selten oder nie

26. Wenn etwas passierte, hatten Sie dann im Allgemeinen den Eindruck, dass Sie dessen Bedeutung …

über- oder unterschätzten   1   2   3   4   5   6   7   richtig einschätzten

27. Wenn Sie an Schwierigkeiten denken, denen Sie bei wichtigen Dingen im Leben wohl begegnen werden, haben Sie das Gefühl, dass …

es Ihnen immer gelingen   1   2   3   4   5   6   7   Sie es nicht schaffen
wird, die Schwierigkeiten zu   werden, die Schwierigkeiten
überwinden   zu überwinden

28. Wie oft haben Sie das Gefühl, dass die Dinge, die Sie im täglichen Leben tun, wenig Sinn haben?

sehr oft   1   2   3   4   5   6   7   sehr selten oder nie

29. Wie oft haben Sie Gefühle, bei denen Sie sich nicht sicher sind, ob Sie die unter Kontrolle halten können?

sehr oft   1   2   3   4   5   6   7   sehr selten oder nie

Auswertungshinweise

Bei der SOC-Skala werden die Skalenrohwerte durch Summation der Itemrohwerte berechnet.

Bei den mit einem * gekennzeichneten Items müssen die Itemrohwerte vor der Berechnung der Skalenrohwerte *umgepolt* werden.

Bei der SOC-29-Skala ist es möglich, neben dem Gesamtskalenwert drei Subskalenwerte zu berechnen. Es wird von den Autoren (Schumacher u. Brähler) jedoch empfohlen, ausschließlich den Gesamtwert (Schumacher u. a. 2000a) zu verwenden.

SOC-29 Verstehbarkeit: 1*, 3, 5*, 10, 12, 15, 17 19, 21, 24, 26
Handhabbarkeit: 2, 6*, 9, 13*, 18 20*, 23*, 25, 27*, 29
Bedeutsamkeit: 4*, 7*, 8, 11*, 14*, 16*, 22, 28
Gesamtwert Summe aller Items

Die anschließend aufgeführten **Prozentrang-Normen basieren** auf einer bevölkerungsrepräsentativen Erhebung (N = 2.005) im Jahre 1998 (Schumacher u. a.. 2000b).

Literatur

Singer, S., Brähler, E. (2007).
Schumacher, J., Wilz, G., Gunzelmann, T. & Brähler, E. (2000a).
Schumacher, J., Gunzelmann, T. & Brähler, E. (2000b).

Prozentrang-Normen für die SOC-29

	Männer (N=855)			Frauen (N=1.089)		
PR	18–40	41–60	61–90	18–40	41–60	61–92
5	112	110	103	106	107	99
10	118	115	111	114	112	108
15	123	122	115	118	116	112
20	129	127	119	123	122	117
25	135	132	124	128	127	119
30	139	135	130	133	130	125
35	142	139	133	135	134	130
40	145	144	136	139	137	133
45	149	146	141	142	139	136
50	151	149	144	145	143	140
55	154	152	147	148	145	143
60	159	156	151	151	149	146
65	162	158	153	154	151	151
70	165	162	155	157	155	156
75	169	167	159	162	159	160
80	173	171	163	167	164	164
85	176	174	169	172	168	170
90	180	178	176	178	174	174
95	186	185	182	184	183	181
100	203	203	203	203	203	203
M	151.31	149.34	143.56	145.82	144.03	140.93
SD	24.35	23.38	24.43	23.96	23.01	25.61

PR=Prozentrang, M=Skalenmittelwert, SD= Standardabweichung

A3: Was für die Selbstwertstärkung wichtig ist

1. Vertrauen und Liebe schenken
Dem Kind Wärme und Körperberührung schenken, Aufmerksamkeit und Zeit widmen, zuhören – eine Atmosphäre des Vertrauens schaffen. Das Kind nie verspotten oder auslachen, wenn es etwas falsch macht.

2. Entwicklungsschritte wahrnehmen und die Freude darüber dem Kind zeigen
Jedes Kind entwickelt und verändert sich, auch kleine Erfolge sind wichtig und sollten bemerkt werden. Die Entwicklung kann sich schnell oder auch langsam vollziehen, immer jedoch gibt es eine Veränderung, etwas Neues.

3. Risikobereitschaft fördern und zu starke Kontrolle vermeiden
Altersgemäße Freiräume gewähren, Vertrauen zeigen, nicht übermäßig behüten oder einengen. Die Fähigkeit, für sich selbst Verantwortung zu übernehmen, stärken. Öfter mal sagen: »Ich weiß, dass du das kannst!«, »Das machst du schon sehr gut!«

4. Verantwortliche Tätigkeiten übertragen
Kinder können sich nützlich machen, auch wenn sie noch klein sind. Das zeigt ihnen, wie wichtig sie für die Familie, für die Gruppe, für die Gemeinschaft sind.

5. Fehler und Misserfolge zulassen
Fehler und Misserfolge sollten als Lernchance positiv definiert werden und erlaubt sein. Wenn ein Kind etwas nicht gleich kann, geduldig sein, nicht zu schnell aufgeben, das richtige Maß an Fordern und Fördern finden.

6. Konfliktfähigkeit stärken
Wer erlebt, dass er seine Interessen ansprechen, in Verhandlung treten und dadurch Situationen konstruktiv verändern kann, erlebt sich nicht als hilflos und ausgeliefert, sondern kann Einfluss auf sein Schicksal und seine Zufriedenheit nehmen.

7. Ungünstige Vergleiche meiden
Vergleiche mit anderen Kindern sollten nicht im Vordergrund stehen. Jedes Kind ist anders und damit einmalig. Die Individualität des Kindes sollte anerkannt werden.

8. *An Entscheidungen teilhaben lassen*
Kinder sollten an Entscheidungen, die in einer Gruppe (Familie, Schulklasse, Spielgruppe) getroffen werden müssen, mitwirken können.

9. *Als Kommunikationspartner achten*
Ironie und Sarkasmus vermeiden. Auch mit paradoxen Botschaften sind Kinder überfordert. Die verbale Mitteilung muss mit den nonverbalen Signalen übereinstimmen.

10. *Unterstützung suchen*
Wenn Schwierigkeiten und Misserfolge die eigenen Kräfte überfordern, sollte Hilfe bei professionellen Beratern bzw. Beraterinnen gesucht werden. Das kann helfen, neue Lösungswege zu finden und neue Handlungsmöglichkeiten zu entwickeln.

in Anlehnung an Krause 2008, S. 33–34

A4: Handlungsmöglichkeiten in Mobbingsituationen

- Mobbingsituationen sofort unterbinden.

- Opfer schützen, Täter zur Rede stellen, Situation in der Gruppe thematisieren.

- Dem Opfer die Schuldgefühle nehmen.

- Hilfe anbieten: Opfer ernst nehmen, Glauben schenken, auf Warnsignale achten.

- Den eigenen Blick für Mobbing schärfen, sensibel sein, genau hinschauen.

- Den Anfängen entgegentreten.

- Toleranz und Kooperationsfähigkeit in der Gruppe trainieren.

- Präventionsmaßnahmen planen und durchführen.

- Selbstwert stärken.

- Professionelle Hilfe in Anspruch nehmen: Beratung, Coaching, Rechtsanwalt.

in Anlehnung an Krause 2008, S. 87

A5: Entspannungsübungen »Mein Körper«

Atem spüren
Lege dich oder setz dich bequem hin ... Schließe die Augen ... Lege die Hände auf deinen Bauch und atme tief in den Bauch. Beim Einatmen hebt sich der Bauch, beim Ausatmen fällt er zusammen ... ein ... aus ... ein ... aus ...

Nun lege die Hände auf deine Brust und atme tief in die Brust. Beim Einatmen hebt sich das Zwerchfell, beim Ausatmen fällt es zusammen ... ein ... aus ... ein ... aus ... Versuche die Luft beim Ausatmen deutlich hörbar auszustoßen. ...

Und nun versuche dorthin zu atmen, wo es schmerzt ... vielleicht in Deine Schulter, oder in den Rücken ...

Atme ganz bewusst und ruhig ...

Nun öffne die Augen, rekle dich und sei wieder ganz hier und jetzt.

Ruhe hören
Lege dich oder setz dich bequem hin ... Schließe die Augen ... Atme ein paar Mal tief ein und aus, in den Bauch ... in die Brust ... Bleib ganz still liegen und atme ruhig weiter ... Es ist still ... Was kannst du hören? Da gibt es Geräusche ... drinnen ... draußen ... in meinem Körper. ... Konzentriere dich auf deinen Körper ... was hörst du? Konzentriere dich auf den Raum. ... Was hörst du? ... Konzentriere dich auf draußen ... Ist das Fenster offen? Was hörst du? Ist es geschlossen? Was hörst du? ... Nun sag leise »danke für die Ruhe«. Wie ist es, seine eigene Stimme zu hören? Wie klingt sie? Hast du auch die andere gehört?

Atme noch einmal ganz bewusst und öffne nun die Augen, rekle dich und sei wieder ganz hier und jetzt.

A6: An- und Entspannung fühlen

Hier einige Beispiele aus der Progressiven Muskelrelaxation nach Jacobsen (2006). Diese Methode bietet eine gute Möglichkeit, den eigenen Körper zu spüren und sich bewusst in eine entspannte Situation zu bringen. Für diese recht bekannte Technik können Sie sich eine CD zur Anleitung kaufen oder schenken lassen.

Rechte Hand und Unterarm
Schließe die Augen. Als erstes gehst du mit deinen Gedanken in die rechte Hand und den rechten Unterarm … mache die rechte Hand zu einer Faust … jetzt … achte auf das Gefühl der Anspannung in der rechten Hand und im rechten Unterarm … Halte die Spannung noch einen Moment … und entspanne wieder. Lass alle Spannung ganz heraus aus dem Unterarm, der Hand, bis in die Fingerspitzen hinein, mehr und mehr entspannen.
   Achte auf das Gefühl der Entspannung, beobachte den Unterschied zu vorher. Mehr und mehr entspannen, ganz locker lassen.

Rechter Oberarm
Gehe nun mit deinen Gedanken in den rechten Oberarm … spanne den rechten Oberarm an … jetzt … achte auf das Gefühl der Anspannung im rechten Oberarm … Halte die Spannung noch einen Moment … und entspanne wieder. Lasse alle Spannung ganz heraus aus dem Oberarm, mehr und mehr entspannen.
   Achte auf das Gefühl der Entspannung, beobachte den Unterschied zu vorher. Mehr und mehr entspannen, ganz locker lassen.

Nacken und Hals
Gehe nun mit deinen Gedanken in den Nacken und Hals … spanne den Nacken und Hals an … jetzt … achte auf das Gefühl der Anspannung im Nacken und Hals … Halte die Spannung noch einen Moment … und entspanne wieder. Lass alle Spannung ganz heraus aus dem Nacken und Hals, mehr und mehr entspannen.
   Achte auf das Gefühl der Entspannung, beobachte den Unterschied zu vorher. Mehr und mehr entspannen, ganz locker lassen.

Bauchmuskulatur
Gehe nun mit deinen Gedanken in die Bauchmuskulatur … spanne die Bauchmuskulatur an … jetzt … achte auf das Gefühl der Anspannung in der Bauchmuskulatur. … Halte die Spannung noch einen Moment … und entspanne wieder. Lass alle Spannung ganz heraus aus der Bauchmuskulatur, mehr und mehr entspannen. Achte auf das Gefühl der Entspannung, beobachte den Unterschied zu vorher. Mehr und mehr entspannen, ganz locker lassen.

Rechter Oberschenkel
Gehe nun mit deinen Gedanken in den rechten Oberschenkel … spanne den rechten Oberschenkel an … jetzt … achte auf das Gefühl der Anspannung im rechten Oberschenkel. … Halte die Spannung noch einen Moment … und entspanne wieder. Lass alle Spannung ganz heraus aus dem rechten Oberschenkel, mehr und mehr entspannen. Achte auf das Gefühl der Entspannung, beobachte den Unterschied zu vorher. Mehr und mehr entspannen, ganz locker lassen.

Rechter Unterschenkel und Fuß
Gehe nun mit deinen Gedanken in den rechten Unterschenkel und Fuß … spanne den rechten Unterschenkel und Fuß an … jetzt … achte auf das Gefühl der Anspannung im rechten Unterschenkel und Fuß. … Halte die Spannung noch einen Moment … und entspanne wieder. Lass alle Spannung ganz heraus aus dem rechten Unterschenkel und Fuß, mehr und mehr entspannen. Achte auf das Gefühl der Entspannung, beobachte den Unterschied zu vorher. Mehr und mehr entspannen, ganz locker lassen.

A7: Entschlüsselung einer Nachricht

Ebene	Der Sender und die vier Seiten	Der Empfänger und die vier Ohren
Sachaspekt	Information zum Thema: *Johann hat sich heute schlecht benommen.*	Wie ist der Sachverhalt zu verstehen? *Mein Kind war ungezogen und hat die Erzieherin geärgert.*
Selbstoffenbarung	Bewusste bzw. unbewusste Mitteilung über die eigene Person: *Ich bin entsetzt über sein Verhalten und möchte, dass es nicht wieder vorkommt.*	Was ist das für eine Person, die redet? Was ist mit ihm/ihr? *Die Erzieherin ist erschrocken über das Verhalten meines Kindes und scheint verärgert und hilflos.*
Beziehungsaspekt	Beziehung zum Kommunikationspartner gibt der Nachricht die Bedeutung *Eltern sind verantwortlich für ihr Kind, und Sie haben das doch bisher gekonnt, Ihr Kind so zu erziehen, dass es sich sozial angemessen verhält.*	Wie redet sie mit mir? Wen glaubt sie vor sich zu haben? *Die Erzieherin macht mich verantwortlich für das Verhalten meines Sohnes im Kindergarten. Sie hält mich für einen schlechten Vater.*
Appellaspekt	Versuch der Einflussnahme *Handeln Sie und sprechen Sie mit Ihrem Kind über die Situation und erziehen Sie es so, dass das nicht wieder vorkommt.*	Was soll ich tun, denken, fühlen auf Grund ihrer Mitteilung? *Ich soll dafür sorgen, dass mein Sohn sein Verhalten verändert. Sie setzt mich unter Druck etwas zu unternehmen, damit mein Sohn soziales Verhalten erlernt.*

A8: Elterngespräche

Rahmenbedingungen
- Ungestörtheit
- Gemütliche Atmosphäre

1. Gesprächseröffnung
- Begrüßung, Anlass, Thema
  z. B. *Ich freue mich, dass Sie da sind, bitte nehmen Sie Platz. Schön, dass wir heute noch mal in Ruhe über … sprechen können.*
- Ablauf und Zeitrahmen ansprechen
  z. B. *Wir haben heute eine Stunde Zeit, in der wir die Situation durchgehen können. Wenn Sie möchten, können wir auch noch eine Kollegin dazu holen.*
- Offenheit und Vertrauen ausdrücken
  z. B. *Auch mir liegt eine Klärung sehr am Herzen, und ich wünsche mir, dass wir gemeinsam eine gute Lösung finden.*

Vorbereitung: Was weiß ich über das Problem? Was möchte ich in dem Gespräch erfahren bzw. erreichen? Wie kann ich mitteilen, dass ich die Sorgen bzw. den Ärger der Eltern verstehe?

2. Klärung des Sachverhalts
- Jede/r schildert die Situation aus eigener Sicht, möglichst die Eltern beginnen lassen.
  z. B. *Mir ist wichtig, dass jeder das Problem/die Situation aus der eigenen Sicht heraus darstellen kann. Möchten Sie anfangen? Gern schildere ich auch zuerst meine Sicht … ich habe es gestern so erlebt … meiner Meinung nach ist es so dazu gekommen n …*
- Bei der Schilderung der Eltern aktiv zuhören (zugewandt sein, mit nichts anderem beschäftigen) und ggf. nachfragen.
  z. B. *Habe ich richtig verstanden, dass …? Meinten Sie damit …?*

Vorbereitung: Kann ich mich in die Lage der Eltern versetzen? Wie könnten die Eltern das Ereignis erlebt haben? Habe ich selbst ein klares/ein diffuses/ein unvollständiges Bild? Was muss ich noch nachfragen?

3. Zielfindung
- Gemeinsam Ziele besprechen
  z. B. *Welche Ziele können Sie sich für Ihr Kind vorstellen? Was wäre für Sie ein Ziel für unsere weitere Zusammenarbeit? Für Ihr Kind könnte ich mir folgendes vorstellen …*

- Alle möglichen Ziele sollten zur Sprache kommen
  z. B. *Können Sie sich noch andere Ziele vorstellen? Wir können erst mal sammeln und dann gemeinsam schauen, welche Ziele wir umsetzen können und wollen.*

Vorbereitung: Welche Ziele habe ich? Wie könnten sie kurz- oder langfristig umgesetzt werden? Was kann ich aus meiner Sicht vorschlagen?

4. Lösung
- Gemeinsam Lösungen sammeln, alle Lösungen sollen zur Sprache kommen
  z. B. *Ich könnte mir vorstellen, dass wir … Was haben Sie für Ideen? Wo können wir gemeinsam handeln?*
- Gemeinsam überlegen, welche Lösung/en wie umgesetzt werden können
  z. B. *Das ist eine gute Idee, wir könnten wir das machen? Vielleicht können wir hier in der Kita … und Sie zu Hause …*

Vorbereitung: Welche Lösungen kann ich mir vorstellen? Welche Lösung könnten die Eltern haben?

5. Entscheidung
- Gemeinsam entscheiden, welche Lösung umgesetzt werden soll
  z. B. *Meinen Sie, das könnten wir gemeinsam versuchen?*
- Schriftlich festhalten
  z. B. *Prima, wir schreiben das auf, damit wir wichtige Dinge nicht vergessen …*

Vorbereitung: Mit welchen Entscheidungen kann ich mitgehen? Welche Entscheidungen könnten für Eltern gut umsetzbar sein?

6. Ergebnis
- Zusammenfassung
  z. B. *Wir haben heute viel geschafft. Besprochen haben wir folgende Punkte … und schließlich gemeinsa … beschlossen.*
- Verabschiedung mit einem Dank für das gute Gespräch.
  z. B. *Ich freue mich, dass wir so gute Lösungen gefunden haben. Vielen Dank für das gute Gespräch.*

Nach: Textor (www.kindergartenpaedagogik.de), Gordon (Die Neue Familienkonferenz: Kinder erziehen ohne zu strafen), Schulz von Thun (Miteinander reden 1–3)

@ Kess e.V. Christina Krause, Marissa Rehberg, Göttingen

A9: Entspannungsübung »Am Meer«

Schließe deine Augen ... Spüre, wie dein Körper schwer auf der Unterlage liegt ... schwer ... immer schwerer ... Spanne jetzt alle deine Muskeln an ... Spannung ... dein ganzer Körper ist angespannt ... Jetzt entspanne dich wieder ... lass los ... alle Muskeln werden schlaff und schwer ... Spüre, wie dein ganzer Körper loslässt ... sich entspannt ... völlig entspannt ... völlig ruhig ... Dieses wohlige Gefühl durchströmt deinen ganzen Körper ...

Dein Atem ist ruhig und gleichmäßig ... mit jedem Atemzug sinkst du tiefer ... und tiefer ... in einen Zustand völliger Entspannung ... mit jedem Atemzug ... tiefer und tiefer ...

Stelle dir jetzt vor, du stehst an einem Strand ... warmer, angenehm weicher Sand unter deinen Füßen ... Vor dir schimmert das Wasser des Meeres ... kristallklar ... unendlich weit ... und in der Ferne scheint angenehm warm die Sonne ... sie färbt den Himmel purpurrot ...

Du gehst jetzt langsam ein paar Schritte weiter ... spürst, wie das warme Wasser des Meeres sanft deine Füße umspült ... warm ... ganz sanft ... umspülen die leichten Wellen deine Füße ...

Ein leichter, angenehmer Wind weht vom Meer herüber ... spüre, wie er deinen Körper streichelt ... Vielleicht riechst du auch den Geruch des Meeres, den der Wind mit sich bringt ...

Der Sand unter deinen Füßen ist warm ... gibt nach ... und passt sich dir an ...

Leg dich jetzt auf den Rücken ... in den weichen Sand ... das flache, angenehm warme Wasser ... mache es dir so bequem wie möglich ... Du fühlst dich wohl ... so glücklich, wie schon lange nicht mehr ... voller Harmonie. ...

Lass die Wolken über dir hinwegziehen ... schwerelos ... ganz leicht ... und auch deine Gedanken ... lasse sie einfach vorüberziehen ... schwerelos ... einfach ziehen ...

Dein Körper liegt jetzt auf dem weichen Sand und wird umspült vom tragenden warmen Wasser des Meeres ... es umspielt deinen ganzen Körper ... Du fühlst dich wohl ... dein Körper bewegt sich leicht im Rhythmus der sanft heran rollenden Wellen ... gib dich diesem Rhythmus ganz hin ... lass dich treiben ... Welle für Welle ... treiben lassen ... loslassen ... im Rhythmus der Wellen ... sanft getragen ...

Du spürst jede Welle, die sanft vom Wind herangetragen wird ... dich umspült und wieder in die Weite des Meeres zurückfließt ... sanft ... aber unaufhaltsam und beständig ... Ich zähle jetzt ganz langsam ... ruhig ... von 10 bis1.

Du öffnest langsam deine Augen ... rekelst dich ... und kommst langsam wieder in diesen Raum zurück.

A10: Entspannungsübung »Ballast abwerfen«

Such dir einen ruhigen Platz und leg dich bequem hin. Schließ die Augen und atme tief durch. Versuch deinen Atem zu spüren, im Bauch, in der Brust. … Stell dir vor, dass der Atem deinen Körper ausfüllt, atme dorthin, wo du die Ruhe besonders brauchst.

Nun geh mit deinen Gedanken zurück in deine Kindheit. … Was ist die früheste Erinnerung, die du hast? Wie alt warst du? Was weißt du noch von dieser Situation?

Denke nun an deinen ersten Schultag. … Wie geht es dir? Wo bist du? Welche Gefühle hast du?

Geh in Gedanken nun in deine Zeit als Teenager. … Was war dein schönstes Erlebnis? Was passiert? Was machst du? Welche Gefühle hast du? …

Stell dir nun den Schulabschluss vor … Was ist das für ein Tag? Wie geht es dir?

Geh in deiner Erinnerung in die Zeit der Berufsausbildung … oder des Studiums … was fällt dir da zuerst ein? … Was hast du am liebsten getan? Was hat dich bedrückt?

Blick jetzt zurück auf den Anfang dieses Jahres. Wie fing das Jahr für dich an? Wer war bei dir? Welche Gefühle hattest du? Welche Hoffnungen?

Denk jetzt an den Anfang dieser Woche. … Wie hast du den Montagmorgen erlebt? …

Erinnere dich nun an den Beginn des heutigen Tages. … Wie bist du aufgewacht? Was hast du als Erstes getan? Was hast du gedacht? … Geh jetzt noch einmal schnell durch diese Stationen und Zeiten deines Lebens. … Welche Erfahrungen hast du gemacht? Was bedeuten sie für dich?

Und nun stell dir eine große Truhe vor, öffne den Deckel und packe alle Erfahrungen von der Fantasiereise hinein, alle Bilder, alle Gedanken, alle Gefühle … Lass dir Zeit, vergiss nichts. …

Mach jetzt den Deckel zu, … nimm die Truhe und trag sie in einen Raum deines Hauses, vielleicht in den Keller, auf den Boden … Merk dir den Platz, falls du die Kiste später einmal herausholen möchtest. …

Nun leg dich noch einmal hin, du fühlst dich frei und unbeschwert. … Was fühlst du in deinem Körper? Wie fühlen sich deine Hände an? Spürst du deinen Atem? Höre noch einmal in dich hinein …

Nun öffne deine Augen, … schau dich um, … nimm deine Umwelt bewusst wahr und sei neugierig auf deinen Tag.

in Anlehnung an Vopel 1992, Teil 3, S. 10ff.

A11: Entspannungsübung »Meer der Gefühle«

Heute machen wir eine ganz besondere Reise. Es ist eine Reise in das Land der Gefühle.

Leg dich auf deine Decke (Matte), so wie es für dich am bequemsten ist. Strecke und recke dich einmal ganz doll. Mach dich so lang wie du nur kannst, so dass es etwas in den Armen und in den Beinen zieht, aber nicht weh tut. Dann mach es dir so richtig gemütlich. Ich schlage jetzt diesen ... (Gong, Triangel oder Ähnliches), während der Ton ausklingt, schließt du die Augen (oder suchst dir einen Punkt im Raum). Entspanne dich ...

Vielleicht siehst du jetzt schon eine wunderschöne Tür. Sie lässt sich ganz leicht öffnen.

Sie führt hinaus in das Meer von Farben. Und wenn du bereit bist, dann öffne diese Tür und tauche ein.

Du brauchst keine Angst zu haben, die Wellen tragen dich.

Spüre die Wellen ... gib dich ihrem Rhythmus hin ... Welle für Welle ... Lass dich treiben ... lass es einfach geschehen ... Schau tief in dich hinein ... lass alles Belastende fließen. Welle für Welle ... umspült deinen Körper ... nimmt mit, was dich tief in deinem ... Innern belastet ... du fühlst wohl ... ganz leicht ... immer leichter ...

Suche dir eine Welle aus, die dich mitnehmen darf. Spüre, wie sie dich trägt. Sie hebt und senkt sich – ganz langsam.

Wenn du deinen Blick hebst, dann erkennst du vielleicht Wellen, die anders aussehen als deine. Es gibt große und kleine, wilde und sanfte, helle und dunkle, warme und kalte.

Ich möchte dir einige von diesen Wellen vorstellen.

Vor dir siehst du vielleicht schon eine große Welle. Ihr Name ist Freude.

Die Freude ist immer gutgelaunt, so dass sie ständig ihre Farbe wechselt.

Mal gelb, mal weiß und mal orange. Lass dich von ihr ein Stück mitnehmen und spüre ihre Bewegung.

Wenn du geradeaus schaust, dann siehst du vielleicht schon den Ärger. Der Ärger ist eine wilde, rote Welle. Er ist immer sehr launisch. Regt er sich auf, wird er immer ganz lila – beruhigt er sich, dann schimmert er nur noch blass rosa. So schnell wie er gekommen ist, ist er auch schon wieder weg. Verschwunden am Horizont. Kannst du noch die Bewegungen des Meeres spüren, die er hinterlassen hat.

Die letzte Welle, die ich dir vorstellen möchte, ist die Traurigkeit. Die Traurigkeit ist blau oder grau und deshalb nur schwer zu entdecken. Im Gegensatz zu den anderen Wellen ist sie klein und unscheinbar. Ich glaube, ich sehe sie. Ganz weit hinten. Vielleicht kannst du sie ja auch schon erkennen. Allein und einsam bewegt sie sich zwischen den anderen Wellen. Immer und immer wieder wird sie von den Großen verdeckt – und hin und her geschubst. Kannst du dir vorstellen, wie sie sich fühlen mag?

Nachdem du jetzt die Freude, den Ärger und die Traurigkeit kennengelernt hast – schau dir deine Welle an. Wie sieht sie aus? Und wie fühlt sie sich an? Ist sie groß oder klein, wild oder sanft, hell oder dunkel, warm oder kalt? … Lass dich von deiner Welle zu der wunderschönen Tür zurückbringen – und verabschiede dich. Wenn du soweit bist, öffne die Tür und gehe hindurch. Du kannst jetzt langsam deine Augen öffnen und in den Raum zurückkehren. Bewege deine Arme und deine Beine, schüttle dich einmal. Jetzt setz dich langsam auf und komm hier bei uns in der Gruppe an.

Quelle: Krause 2009

A11: *Lockerlassen*

Im Folgenden finden Sie ein Entspannungsexperiment nach Vopel (1992), das sie für sich selbst nutzen können, aber auch im Team einsetzen können, um z. B. gemeinsam entspannt in eine Sitzung einzusteigen. Wenn Sie diese Übungen öfter machen, dann können Sie langfristig Verspannungen und Erschöpfungen lösen und das psychisch-physische Wohlbefinden stärken.

Ich schlage dir ein gründliches Entspannungsexperiment vor. Leg oder setz dich bequem in den Raum, so, dass du genügend Platz und Raum hast ...

Schließe die Augen und halte sie während des ganzen Experiments geschlossen ...

Achte zunächst auf deinen Atem ... Wie atmest du? ... Atme bewusst etwas tiefer ein ... und aus ...

Richte nun dein Bewusstsein auf deinen Körper ... was empfindest du? Welche Körperzonen spürst du besonders?

Konzentrier dich nun auf dein Gesicht ... halte die Augen geschlossen ... schließe nun die Augen, kneif sie zu ... lass sie dann wieder locker ...

Spanne nun den Mund an, zieh ihn zusammen ... lass ihn wieder locker ...

Wiederhole diese Anspannung ... Entspannung ...

Runzele nun die Stirn, spanne sie an ... lass sie nun wieder locker ...

Öffne nun dein Gesicht ganz weit ... so weit es geht ... besonders die Stirn ... spüre, wie sich die Stirn verbreitert ... wie sich die Augen entspannen ... wie sich der Mund öffnet ... lass ihn sich entspannen ... spann den Mund nun wieder an ... und lass ihn sich dann wieder entspannen ... beweg nun die Lippen, so dass du wirklich spüren kannst, wie sich die Lippen entspannen ...

Bewege nun das Kinn kräftig ... und lass es sich dann wieder entspannen ...

Spüre nun, wie das, was du gerade getan hast, deinen ganzen Körper beeinflusst ... fühle die Veränderungen, die in deinem Körper passiert ... möchte sich dein Gesicht vielleicht bewegen? Sei dir bewusst, was passiert ...

Siehst du, wie sich deine Lippen bewegen oder wie sich deine Augen anspannen? ... Oder entsteht vielleicht eine Spannung in deinem Mundwinkel ... lass das alles geschehen ...

Konzentriere dich nun auf die Hände ... sind sie angespannt? ... Probier, ob du deine Hände leicht öffnen kannst ... öffne sie so weit, wie du kannst ... schließ dann die Hand und öffne sie wieder ... wiederhole das noch ein paar Mal ...

Sieh nun, was mit deinen Armen geschieht ... fühlst du, wo deine Arme sind? Hältst du sie dicht an deinen Körper gepresst? ... Finde nun heraus, was die Hände tun wollen ... lass sie tun, was immer sie tun wollen ... als ob sie ihr eigenes Leben hätten, das nicht von dir bestimmt ist ... lass die Hände zu eigenen Persönlichkeiten werden … lass die Arme an den Bewegungen der Hände teilnehmen … erkunde deinen Arm … deine Schulter … deine Ellbogen … deine Handgelenke … die Unterarme … die Hände … die Finger …

Nun merke, was sich ausstrecken möchte an dir … streck das aus … genieß es, wenn du dich streckst … sei dir aller Teile deines Körpers bewusst … fühl die Bewegung … lass locker … streck dich aus … wiederhole dies einige Male … entspanne dich … wiederhole das einige Male … entspanne dich und bleib dann noch ein paar Minuten lang ruhig liegen oder sitzen …

In Anlehnung an Vopel, »Lockerlassen«, 1992 Heft 4, S. 42

Der (holprige) Weg zur Erzieherin – von der Ausbildung zum Berufseinstieg

V&R

Ursula Günster-Schöning
Ich bin dann mal Erzieherin
Ausbildung und berufliche Realität
Frühe Bildung und Erziehung
2012. 171 Seiten mit 22 Abb., kart.
ISBN 978-3-525-70135-5

Berufseinsteiger strotzen am Anfang vor Motivation und Euphorie finden sich dann aber schnell in einem »Erziehungsdschungel« wieder. Jede Kita hat ihr eigenes Konzept, jedes Elternteil seinen eigenen Erziehungsstil und so prallen die unterschiedlichsten Erziehungsziele aufeinander und mittendrin die junge Erzieherin. Wie finde ich da meinen eigenen Weg, meine eigenen Ziele? Was macht mich aus und wie ist mein Bild vom Kind? Wie meistere ich den Erziehungsalltag und finde zu meinem eigenen Stil? Wie setze ich im Alltag Grenzen? Wie gelingt es Lernprozesse in Gang zu setzen und kindliche Bildung zu fördern? Welche Grundbedürfnisse haben Kinder von heute und wie verhalte ich mich richtig, wenn Kinder Ängste entwickeln oder besonders aggressiv sind, wüten, motzen, schlagen?

Vielfältige Antworten, fachlich fundiertes Grundwissen und zahlreiche Orientierungshilfen für die Selbstfindung im Erzieherinnenberuf erhalten Sie hier.

Vandenhoeck & Ruprecht